AF403207

INVENTAIRE
32-240
BIBLIOTHÈQUE
DE LA MAITRESSE DE MAISON
LE LIVRE
DU TRICOT
PARIS
CH. PLOCHE, LIBRAIRE-ÉDITEUR
5, place de la Bourse, 5

LE

LIVRE DU TRICOT

PARIS. — IMPRIMERIE BONAVENTURE ET DUCESSOIS,
55, quai des Augustins, près le Pont-Neuf.

LE LIVRE
DU TRICOT.

PAR

Mme ROUGET DE L'ISLE

PARIS

CH. PLOCHE, LIBRAIRE-ÉDITEUR

5, place de la Bourse.

1852

LE

LIVRE DU TRICOT

ART DE FAIRE LE TRICOT

A L'AIGUILLE, AU CADRE, A LA BAGUETTE, AU CLOU, AU CROCHET, ETC.

L'on désigne sous le nom de *tricot* une étoffe formée par une suite de boucles, appelées *mailles*, qui sont entrelacées les unes dans les autres.

On peut voir, planches 13 et 14, le dessin de plusieurs tricots composés avec des mailles diversement arrangées et combinées entre elles.

La figure 6, pl. 15, représente le tricot ordinaire à mailles droites, c'est-à-dire vues à *l'endroit*.

La figure 7, pl. 15, représente le même tricot à mailles à *l'envers*, et qu'on nomme aussi *renversées* ou *retournées*.

La figure 8, pl. 15, représente un tricot à mailles droites et renversées, dont chaque rangée, vue horizontalement sur la largeur, est formée alternativement avec des mailles droites et renversées.

La figure 9, pl. 15, représente un tricot *à côtes*, dont les mailles, vues par bandes verticales d'une certaine étendue, sont alternativement droites et renversées.

La figure 10, pl. 15, représente un tricot qu'on nomme *quadrillé* ou *guilloché*, etc., dont les mailles sont alternées dans tous les sens.

Mais on peut varier ces tricots en combinant les mailles d'une certaine façon (voir planche 16), et faire ainsi des dessins à l'infini. Ce genre de travail est très-agréable, et il suffit aux personnes qui ne le connaissent pas de le voir faire une ou deux fois pour pouvoir l'exécuter facilement et sans tâtonnements.

Néanmoins, pour instruire les commençants et remédier même, autant que possible, à la maladresse et à l'inapplication, nous allons donner des indications certaines sur la manière de commencer et de faire les différents tricots ; et, en les suivant de point en point, on ne peut manquer de réussir.

Pour commencer un tricot quelconque, on ne prend qu'une seule aiguille, qu'on tient de la main droite, en ayant le fil passé sur l'index ; on maintient des deux doigts suivants, qu'on referme, la suite de ce fil, sous lequel passe encore le petit doigt On a l'attention d'attirer de la main gauche autant de fil à peu près qu'il est nécessaire pour le nombre de mailles que l'on veut former ; puis, se servant de l'index de cette main gauche comme d'une seconde aiguille, on le place sous le fil, pour retenir celui-ci élevé, de manière que le bout en est repris par le pouce, rapproché des autres doigts de cette même main, et que la partie qui est sur l'index forme une sorte d'anneau qu'on ouvre avec l'aiguille pour y attirer la suite du fil ; mais il faut, pour la première maille, passer le bout du fil que doit retenir le pouce de la main gauche dessus la partie du même fil qui va de l'index de la main droite à celui de la main gauche afin qu'il se trouve croisé au-dessous de l'anneau, et que la première maille qu'on y attire soit aussi arrêtée.

Supposons donc une broche ou aiguille garnie d'un premier rang de mailles (nous avons expliqué ci-dessus comment on forme celles-ci), on passe le bout de la seconde aiguille sous la dernière maille formée pour attirer dans cette maille la suite du fil qui a servi à la former ; cette suite de fil entre en double dans la maille, et en forme une nouvelle qui, par son passage dans la précédente, l'arrête et qui est elle-même arrêtée par l'aiguille qui a servi à la former. La première maille n'ayant plus besoin d'être soutenue par l'aiguille, on la fait échapper : elle est le principe du tricot ou du tissu qui en prend le nom. On passe à une seconde maille de la première aiguille, et l'on procède de la même manière pour la formation d'une seconde maille à placer sur la seconde aiguille, et ainsi de suite : d'où l'on voit très-clairement, comme les fig. 6 à 10, pl. 15, le représentent, que le tissu à mailles, un tricoté quelconque, n'est autre qu'une suite de mailles supposées égales et placées sur une aiguille horizontale, dans chacune desquelles la suite du fil même, qui a servi à former ces premières mailles, passe en double de l'arrière en avant, ou de l'envers à l'endroit, y forme une nouvelle rangée d'anneaux ou de mailles, et dans celles-ci une autre, jusqu'à ce que l'étoffe ait acquis la hauteur déterminée pour l'usage auquel on la destine.

Remarquez qu'en procédant ainsi sur une aiguille, c'est-à-dire en allant et revenant sur son travail, pour employer le fil dans la suite immédiate de son étendue, on regarnit toujours l'aiguille qu'on vient de dégarnir, et réciproquement ; mais comme on commence, pour l'exécution d'une nouvelle rangée de mailles, précisément à l'endroit où l'on a fini pour l'exécution de la rangée précédente, de la dernière rangée, cette marche (quoiqu'on retourne sens dessus dessous et l'étoffe fabriquée et, par conséquent, l'aiguille qui la soutient), reste rétrogradée, lorsqu'on ne change rien, d'ailleurs, à la disposition du travail. Il en résulte que, si les mailles d'une rangée sont passées de l'arrière en avant, celles de la rangée suivante seront passées de l'avant en arrière, et ainsi alternativement dans toute la hauteur du tissu : c'est précisément le travail ordinaire des jarretières à l'aiguille et du tricot qu'on emploie pour faire la mousse.

Il est évident que, si, au retour d'une rangée passée en dessus on passe en dessous la seconde aiguille dans la maille de la première, pour attirer la suite du fil en dessous et y former la seconde maille, toutes les mailles du tissu se trouveront dans le même sens. Dans le premier cas, le tissu aura, des deux côtés alternativement, un rang de mailles à l'envers et un rang à l'endroit ; dans le second cas, l'un des côtés de l'étoffe sera plein endroit, et le côté opposé plein envers.

Veut-on opérer comme dans le dernier cas, sans néanmoins être obligé de varier le travail, il n'y a qu'à aller toujours en avant ; mais le travail ne peut se continuer ainsi qu'en tournant ; on ne saurait faire suivre au travail une marche circulaire sur une seule aiguille, ni même sur deux sans les courber, ce qui rendrait le travail fort gênant. Il en faut donc au moins trois, non compris celle qu'on peut considérer comme l'agent, celle par laquelle on opère sur les autres ; on en met ordinairement quatre, quelquefois cinq et jusqu'à six, pour diminuer d'autant la raideur de la partie du tissu qui tient aux aiguilles, pour multiplier ses points d'inflexion, pour faciliter enfin les mouvements fréquents et variés qu'il est sujet à recevoir dans la formation de chaque maille.

En supposant la quantité de mailles déterminée pour le circuit ou l'ampleur de l'étoffe, ce qui se fait suivant le diamètre des aiguilles et celui de la matière, suivant aussi, toutes choses égales d'ailleurs, qu'on veut un tricot plus ou moins serré, on distribue ces mailles en nombre égal sur chaque aiguille.

C'est ainsi qu'on fabrique les bas ordinaires, passant continuellement d'une broche à celle qui la suit et formant toujours, excepté celle du point de couture qu'on renverse, des mailles droites, dont la suite est une vraie hélice, qui ne souffre d'altération que par l'élargissement ou le rétrécissement du tricot, qui, dans ces parties, deviennent l'un et l'autre des spirales.

Dans le cas d'élargissement, il faut créer de nouvelles mailles, ce qui ne se fait que d'une à la fois, c'est-à-dire en même lieu, sur chaque rangée ; pour cela, de la pointe de l'aiguille considérée comme agent, on relève, sur le bout de celle sur laquelle on agit, la partie du fil qui lie la maille d'en dessous, celle qu'on vient de faire, à la première à abattre de dessus la seconde aiguille, et c'est sur cette partie relevée de fil qu'on forme la nouvelle maille.

Dans le cas de rétrécissement, il n'est question que de passer en même temps la première aiguille dans les deux dernières mailles de la seconde aiguille, et de retirer à la fois par ces deux dernières mailles la suite du fil en double, dont l'anneau n'en doit former qu'une seule. Cette nouvelle maille, résultant du passage du fil par les deux précédentes mailles, diminue d'autant cette rangée de la précédente que la maille additionnelle, et dans le cas précédent, augmente la rangée qu'on fait sur celle qu'on vient de faire. On diminue ainsi comme on augmente, c'est-à-dire qu'on élargit ou qu'on rétrécit plus ou moins, suivant l'occurrence, autant de fois sur chaque tour ou rangée de mailles, et sur autant de rangées qu'on veut.

A l'égard des coins, on les trace, n'importe sur quelle forme, hauteur ou largeur, avec des mailles renversées ou alternées avec des mailles droites, formant des cannelures, zigzags, carreaux et losanges. La côte n'est qu'une suite de mailles renversées, prises en nombre égal ou inégal, toujours les unes sur les autres. Le guilloché, le quadrillé, etc., est une suite de mailles droites et renversées, alternées continuellement et en tous sens.

TRICOTAGE FAIT AVEC DES BAGUETTES.

Planche 17, fig. 40 et 41. — Le tricotage avec des baguettes est principalement employé aujourd'hui par les femmes aveugles, aussi le nomme-t-on le tricotage *au toucher*, parce que les fils sont saisis et enlacés à la main.

On se sert pour ce genre de travail d'un cadre à pied, vertical, de 2 mètres de hauteur environ, et de 5 à 6 et même jusqu'à 8 baguettes de bois léger, rondes ou plates.

Pour commencer le tricot, on passe deux ficelles au travers des trous qui sont percés en haut et en bas dans les montants du cadre, et on les arrête sur ceux-ci au moyen d'un nœud coulant. Si l'objet que l'on veut tricoter est long, on passe la ficelle dans les trous les plus écartés l'un de l'autre ; dans le cas contraire, on passe la ficelle dans les trous les plus rapprochés. Cela fait, on attache à la ficelle, en haut, le fil de coton ou de soie avec lequel on veut tricoter, en formant une boucle et un nœud coulant, car le fil doit glisser librement le long de la ficelle ; vous passez alternativement le fil de soie sur les deux ficelles, en haut et en bas, de manière à former une espèce de 8 (fig. 41) ; vous faites ainsi autant de 8 que vous voulez tricoter de mailles pour faire votre objet, et vous arrétez le bout de votre fil de soie par un nœud coulant comme en commençant. Il faut que les fils soient très-lâches, sans cela le tricotage ne serait pas possible. Supposons qu'on veuille faire une tresse de 10 mailles : la tricoteuse monte son métier comme la fig. 41 l'indique ; puis elle se place devant le cadre et elle passe les deux pouces entre les deux fils croisés, de manière que les autres doigts soient placés derrière ; elle prend alors avec l'index le fil de derrière n° 4, et avec le pouce celui de devant n° 1 ; elle les croise ensuite en sorte que celui de devant va derrière, sur l'index, et que celui de derrière vient devant, sur le pouce ; elle en fait autant avec tous les autres fils les uns après les autres. Elle retourne alors les fils et les met d'une main dans l'autre, et elle glisse entre eux, de droite à gauche, une petite baguette qui empéche le fil de revenir. Cette baguette est descendue aussitôt vers le pied du cadre A. C'est là le commencement de tous les tricotages de cette espèce.

Ensuite la tricoteuse prend le fil de devant n° 1, et celui de derrière n° 2, et les échange ; elle produit ainsi un nœud en croix. Les autres fils de devant et de derrière 3 et 4, 5 et 6, 7 et 8, 9 et 10, sont échangés de la même manière ; et enfin la tricoteuse glisse entre eux une nouvelle baguette et la descend un peu. Si celle-ci était entièrement descendue, le tricot s'écarterait trop par le haut.

Cela fait, la tricoteuse échange le fil de devant n° 2 avec celui de derrière n° 3, ensuite le n° 4 avec le n° 5, le n° 6 avec le n° 7, le n° 8 avec le n° 9, etc. On introduit alors une troisième baguette entre les fils, et la seconde est abaissée tout près de la première ; ensuite le fil de devant n° 1 est échangé de nouveau avec celui de derrière n° 2, et ainsi de suite comme auparavant ; et une nouvelle baguette est passée entre les fils.

Le n° 2 est encore échangé avec le n° 3, et ainsi de suite jusqu'à la fin. Lorsqu'il y a trois baguettes abaissées, on peut ôter la plus basse, et comme les fils sont un peu raccourcis par le tricotage, il est nécessaire que la ficelle qui est attachée par le haut et par le bas soit lâchée ; mais l'ouvrage fini doit être tendu autant qu'il est possible. Lorsque la tricoteuse est parvenue au milieu du cadre, c'est-à-dire à la fin de l'ouvrage, il est indispensable de nouer fortement les fils entrelacés avec du cordonnet qu'on tourne et enlace tout autour; sans cette ligature le tricot s'effilerait.

Le filet rose, espèce de tricot semblable, est produit de l'entrelacement entier des fils qui doivent nécessairement reprendre leurs premières places. Le commencement de ce tricotage se fait comme le premier, c'est-à-dire qu'on échange les fils de devant avec ceux de derrière; on glisse entre eux une baguette qui est ensuite abaissée. Cela fait, le fil de devant n° 1 est entortillé autour de celui de derrière n° 2, et les autres fils de devant 2, 3, 4, etc., le sont aussi autour de ceux de derrière 3, 4, 5, etc., et le reste se continue de même jusqu'au n° 10. A leur tour les fils de derrière n° 2, 3, etc., sont entortillés autour de ceux de devant n° 2, 3, 4, etc, et ainsi de suite. Lorsque l'ouvrage est fini, on le noue vers le milieu avec un cordonnet fort qu'on roule autour. On forme ainsi deux ligatures espacées et l'on coupe le tricot entre les deux.

En tricotant de la manière suivante, on obtient un autre dessin avec des mailles longues, formées chacune avec quatre fils de chaîne ; l'on prend les deux premiers fils de derrière, n° 1, et on les tourne trois fois à gauche, ainsi que les deux premiers fils n° 2; les deux fils quadruplés sont ensuite entortillés à droite, de manière que chacun revienne à sa place ; cela fait, il faut prendre les deux autres fils du n° 2, et les deux premiers du n° 3, et répéter l'opération précédente ; l'on continue de cette manière jusqu'à la fin, et l'on passe une baguette ; on en reprend deux autres et l'on continue l'ouvrage en suivant l'indication ci-dessus, et en ayant soin d'alterner.

Quand on veut tricoter un châle de cette manière, il faut se servir d'un cadre plus long, que l'on place horizontalement pour tricoter. Lorsque l'ouvrage est fini, il est noué ensuite dans le milieu avec deux ligatures et à deux endroits un peu éloignés l'un de l'autre, afin qu'étant coupé par le milieu les bouts puissent servir de franges. Les deux morceaux sont enfin cousus ensemble par la partie d'en haut et celle d'en bas, c'est-à-dire aux points où les nœuds se trouvaient sur la ficelle ; de cette manière on obtient un châle sans être obligé de tricoter séparément deux parties du même dessin. Les gants et les bourses tricotés au cadre, doivent être cousus sur les côtés.

TRICOT FAIT AU CADRE

planche 18, fig. 31 et 32 ; planche 19, fig. 33 et 34.

Le cadre est fait en bois de la grandeur de l'objet que l'on veut faire. Par exemple, supposons qu'on veuille faire un dessous de lampe : on garnit le cadre tout au tour, sur le plat, de pointes à tête fine, qui sont indiquées dans les dessins (fig. 31 à 33) par des points noirs.

On couvre le cadre de fils de laine floche en les contournant autour de chaque pointe et les conduisant d'abord et successivement de droite à gauche et de gauche à droite des côtes parallèles, ensuite en travers, de manière à former des carrés réguliers, ainsi que l'indiquent les cordes (fig. 31). On forme aussi des losanges en conduisant les fils en diagonale (fig. 32).

Le dessin que l'on voit fig. 33 est formé d'un tricotage, fait d'abord en carré (fig. 31), et couvert ensuite d'un tricotage en losange (fig. 32).

Enfin, on lie chaque point d'intersection *eee* avec du fil un peu retors, qu'on passe et repasse avec une aiguille en formant au-dessus de l'étoffe une croix de Saint-André et, à l'envers, le *point noué* (fig. 10, pl. 15). Cela fait on coupe les fils de laine avec une paire de ciseaux, dans les plis formés sur les clous.

On peut encore attacher des fleurs artificielles en laine ou en chenille sur le tricot (fig. 33) aux points d'intersection des fils en *e*; mais, dans ce cas, le tricot ne peut servir que comme ouverture, et sans pouvoir être pressé.

La figure 34 représente un tricot fait avec des fils de laine de diverses couleurs, sur un cadre dont les côtés portent des échancrures ou crans, *a, b, c, d.*

On passe chaque fil de laine d'un cran à l'autre (toujours en regard), en enveloppant et entourant le cadre en dessus comme en dessous; puis, on arrête le fil à l'endroit de l'un des crans. On place de même, à côté, dans un cran, une autre couleur plus claire que la première, et ainsi de suite jusqu'au milieu du cadre, en mettant toujours des couleurs qui vont en se dégradant. Puis, on place les mêmes fils sur l'autre moitié du cadre, en disposant les couleurs en sens inverse. Ensuite, on passe les mêmes couleurs en travers, ou mieux on passe des couleurs différentes qui tranchent avec les premières et les enlacent. Enfin, on attache les deux couleurs aux points d'intersection *e* avec du fil retors, comme nous l'avons dit ci-dessus.

Pour former les poils veloutés que l'on voit en *ee*, on coupe une partie des fils de laine, entre tous points d'intersection, avec une paire de ciseaux, et on relève les fils coupés avec un peigne ou un chardon-cardière.

TRICOT AU CLOU OU AU CROCHET

pl. 20, fig. 11 et 12.

C'est le nom qu'on a donné au tricot fait originairement par des soldats, qui, dans leur désœuvrement, avaient imaginé de se servir d'un clou dont ils recourbaient la pointe, et auquel on a substitué depuis une espèce de crochet plus commode (planche 20, fig. 37 à 39).

On tricote les gants de la manière suivante : prenant la laine ou le fil destiné à cet usage, on le passe deux fois autour des deux premiers doigts de la main gauche, en lui faisant former une sorte de double boucle dans laquelle on passe le crochet pour saisir et attirer la suite du fil ; puis, sans sortir le crochet de la nouvelle boucle qu'il a faite par ce fil attiré, on retourne en chercher la suite en passant de nouveau dans la maille ou boucle déjà faite ; en continuant ainsi, on forme une première rangée de mailles plus ou moins longue, suivant l'objet qu'on se propose ; au bout de la rangée on revient sur ses pas, c'est-à-dire qu'on fait entrer le crochet dans la maille qui est devant soi. On n'a plus qu'à suivre toujours le même procédé, et l'on forme une pièce de tricot ronde, dont les rangées de mailles tournent sur elles-mêmes et se trouvent ainsi en travers.

On commence les gants par le bout d'un doigt quelconque, et l'on fait ainsi détacher tous les doigts l'un après l'autre ; puis, on les unit à mesure en faisant la main. Il faut bien tenir l'ouvrage ferme de la main gauche, et, à mesure que l'on tire de la droite une nouvelle maille avec le crochet, la conduire sous le pouce gauche, jusqu'à l'ouverture de la maille inférieure, dans laquelle le crochet doit entrer pour avancer successivement de l'une à l'autre.

On ne peut employer à ce travail qu'un fil d'une certaine grosseur ; trop fin, il serait bientôt fatigué par l'action du crochet ; d'ailleurs le tricoté se trouvant en travers, résiste moins au tiraillement qu'il souffre en ce sens. On met en dedans des gants en droit du tricoté, et on fait paraître en dessus l'envers, qui ne représente pas l'apparence commune de la maille renversée, mais celle d'une suite de grains d'orge rangés en diagonale et qui fait douter de quelle manière ils ont été travaillés. Au reste, il est facile de varier cette apparence, car la maille, faite à gauche ou à droite, en dessus ou en dessous, produit des différences suivant sa disposition.

Manière d'exécuter les dessins par le tricotage au crochet.—Ce que nous venons de dire abrége beaucoup nos descriptions, et les dessins sont encore plus propres à les faire comprendre.

Ainsi, chaque carreau ou point, vu dans un carreau, représente un point de tricot, et les petits points vus sur une ligne oblique désignent les points de tricot à faire pour former les mailles quadrillées ou guillochées, les dentelures ou picots pris sur les bords des dessins-dentelles.

Le crochet qu'on emploie est représenté par les fig. 37, 38 et 39, planche 20.

D'abord, on fait un simple entrelacement en *a* autour du crochet (voy. fig. 37, pl. 20), ensuite cet instrument est tenu dans la main gauche, de manière que le petit crochet ou l'entaille d'en haut se trouve à gauche. Le fil est passé sous le manche et conduit de droite à gauche, dans l'entaille *b* (voy. fig. 37, pl. 20. Ensuite, le crochet est tiré à l'aide de la main droite au-dessous de la gauche, tandis que celle-ci passe sous la nouvelle maille et en même temps sur la pointe du crochet dans l'entrelacement. L'on remet de nouveau le fil sous le manche et sur l'entaille en haut, et l'on tire le nouveau nœud coulant à travers le précédent. Après avoir fini la première rangée, si l'on veut tricoter en revenant de la droite à la gauche, comme dans une couverture, on passe le petit crochet dans la dernière maille par en bas (et il en doit rester une sur l'instrument), comme nous l'avons dit précédemment. Cela fait, on met le fil sous le manche, en le passant en même temps dans l'entaille en haut, ainsi que l'indique la figure. La main gauche ôte deux mailles (voy. crochet 39, pl. 20), savoir : celle qui était sur l'entaille *b*, et celle qui a été reprise en *a*, du cr. 39. L'on continue toujours de passer le petit crochet dans la maille voisine à gauche.

EXPLICATION DES DESSINS EN TRICOT-DENTELLE
pl. 21, n°s 1 à 5 et n° 16 ; pl. 22, fig. 21 et 26.

DÉNOMINATIONS ET ABRÉVIATIONS.

Les chiffres placés au commencement de chaque paragraphe désignent l'aiguillée ou le rang qu'on tricote.

M. :   Maille.
Tourn. :   Tourner.
Tric. :   Tricoter.
Tourn. la maille. :   Tourner la maille.
Prendre la m. sans la tric. :   Prendre la maille sans la tri-
                                  coter.
Augm. :   Augmenter.
Dim. :   Diminuer.
Ch. :   Chaînette.
Faire la ch. :   Faire la chaînette.

Le chiffre placé devant cette dernière expression désigne le nombre de mailles dont se compose la chaînette.

EXPRESSIONS ABRÉGÉES.

1 droite ; 2, 10 droites :   Une maille droite ; deux, dix
                                  mailles droites.
1 à rebours ; 2, 10 à rebours :   Une maille à rebours ; deux, dix
                                  mailles à rebours.

SIX SORTES DE DENTELLES.

Fig. 1 —7 mailles.

1. Prendre la m. sans la tric., 2 droites, augm. d'une m., dim., augm. de 3 m., 2 droites.

2. Prendre la m. sans la tric., 2 droites, 1 à rebours, 3 droites, aug. d'une m., dim., 1 droite.

3. Prendre la m. sans la tric., 2 droites, augm. d'une m., dim., 5 droites.

4. 3 faire la ch., 3 droites, aug. d'une m., dim., 1 droite.

Fig. 2. —7 mailles

1. Prendre la m. sans la tric., dim., aug. de 2 m., dim., aug. de 5 m., 2 droites.

2. Prendre la m. sans la tric., 2 droites, 1 à rebours, 1 droite, 1 à rebours, 3 droites, 1 à rebours, 2 droites.

3. Prendre la m. sans la tric., tout droit.

4. Prendre la m. sans la tric., tout droit.

5. Prendre la m. sans la tric., dim., aug. de 2 m., dim., aug. d'une m., dim., aug. d'une m., dim., aug. d'une m., dim., 1 droite.

6. Prendre la m. sans la tric., 8 droites, 1 à rebours, 2 droites.

7. Prendre la m. sans la tric., tout droit.

8. 5 faire la ch., tout droit.

Fig. 3.—7 mailles.

1. Prendre la m. sans la tric., 1 droite, aug. de 3 m., dim., aug. de 3 m., dim., 1 droite.

2. Prendre la m. sans la tric., 2 droites, 1 à rebours, 3 droites, 1 à rebours, 3 droites.

3. Prendre la m. sans la tric., 10 droites.

4. 4 faire la ch., 6 droites.

Fig. 4.—10 mailles.

1. Prendre la m. sans la tric., 2 droites, aug. d'une m., dim., 2 droites, aug. de 2 m., dim., 1 droite.

2. Prendre la m. sans la tric., 1 droite, 1 à rebours, 5 droites, aug. d'une m., dim., 1 droite.

3. Prendre la m. sans la tric., 2 droites, aug. d'une m., dim., 6 droites.

4. Prendre la m. sans la tric., 7 droites, aug. d'une m., dim., 1 droite.

5. Prendre la m. sans la tric., 2 droites, aug. d'une m., dim., aug. de 2 m., 2 fois dim., aug. de 2 m., 2 droites.

6. Prendre la m. sans la tric., 1 droite, 1 à rebours, 4 droites, 1 à rebours, 2 droites, aug. d'une m., dim., 1 droite.

7. Prendre la m. sans la tric., 2 droites, aug. d'une m., dim., 8 droites.

8. Prendre la m. sans la tric., 9 droites, aug. d'une m., dim., 1 droite.

9. Prendre la m. sans la tric., 2 droites, aug. d'une m., dim., 1 droite, dim., aug. de 2 m., dim., 3 droites.

10. Prendre la m. sans la tric., 3 droites, 1 à rebours, 5 droites, aug. d'une m., dim., 1 droite.

11. Prendre la m. sans la tric., 2 droites, aug. d'une m., dim., 8 droites.

12. 3 faire la ch., 6 droites, aug. d'une m., dim., 1 droite.

Fig. 5.—5 mailles.

1. Prendre la m. sans la tric., 2 droites, aug. d'une m., 2 droites.

2. Tout droit.

3. Prendre la m. sans la tric., 3 droites, aug. d'une m., 2 droites.

4. Tout droit.

5. Prendre la m. sans la tric., 4 droites, aug. d'une m., 2 droites.

6. Tout droit.

7. Prendre la m. sans la tric., dim., aug. de 2 m., dim., 1 droite, aug. d'une m., 2 droites.

8. Prendre la m. sans la tric., 4 droites, 1 à rebours, 3 droites.

9. Prendre la m. sans la tric., 3 droites, dim., aug. d'une m., dim., 1 droite.

10. Tout droit.

11. Prendre la m. sans la tric., 2 droites, dim., aug. d'une m., dim., 1 droite.

12. Tout droit.

13. Prendre la m. sans la tric., 1 droite, dim., aug. d'une m., dim., 1 droite.

14. Tout droit.

15. Prendre la m. sans la tric., dim., aug. d'une m., dim., 1 droite.

16. Tout droit.

Fig. 16.—15 mailles.

1. Prendre la m. sans la tric., 2 droites, aug. d'une m., dim., 3 droites, aug. d'une m., dim., aug. d'une m., dim., aug. d'une m., dim., 1 droite.

2. Prendre la m. sans la tric., 11 m. droites, aug. d'une m., dim., 1 droite.

3. Prendre la m. sans la tric., 2 droites, aug. d'une m., dim., 4 droites, aug. d'une m., dim., aug., d'une m., dim., aug. d'une m., 2 droites.

4. Prendre la m. sans la tric., 12 droites, aug. d'une m., dim., 1 droite.

5. Prendre la m. sans la tric., 2 droites, aug. d'une m., dim., 5 droites, aug. d'une m., dim., aug. d'une m., dim., aug. d'une m., 5 droites.

6. Prendre la m. sans la tric., 13 droites, aug. d'une m., dim., 1 droite.

7. Prendre la m. sans la tric., 2 droites, aug. d'une m., dim., 6 droites, aug. d'une m., dim., aug. d'une m., dim., aug. d'une m., 2 droites.

8. Prendre la m. sans la tric., 14 droites, aug. d'une m., dim., 1 droite.

9. Prendre la m. sans la tric., 2 droites, aug. d'une m., dim., 7 droites, aug. d'une m., dim., aug. d'une m., dim., aug. d'une m., 2 droites.

10. Prendre la m. sans la tric., 15 droites, aug. d'une m., dim., 1 droite.

11. Prendre la m. sans la tric., 2 droites, aug. d'une m., dim., 2 droites, dim., aug. de 2 m., dim., 2 droites, aug. d'une m., dim.; aug. d'une m., dim., aug. d'une m., 2 droites.

12. Prendre la m. sans la tric., 10 droites, 1 à rebours, 5 droites, aug. d'une m., dim., 1 droite.

13. Prendre la m. sans la tric., 2 droites, aug. d'une m., dim., aug. de 2 m., 2 dim., aug. de 2 m., dim., 1 droite, aug. d'une m., dim., aug. d'une m., dim., aug. d'une m., 2 droites.

14. Prendre la m. sans la tric., 19 droites, 1 à rebours, 3 droites, 1 à rebours, 3 droites, aug. d'une m., dim., 1 droite.

15. Prendre la m. sans la tric., 2 droites, aug. d'une m., dim., 2 droites, dim., aug. de 2 m., dim., 4 droites, aug. d'une m., dim., aug. d'une m., dim., aug. d'une m., 2 droites.

16. Prendre la m. sans la tric., 12 droites, 1 à rebours, 5 droites, aug. d'une m., 1 droite.

17. Prendre la m. sans la tric., 2 droites. aug. d'une m., dim., aug. de 2 m., dim., aug. de 2 m., dim., aug. d'une m., dim., aug. d'une m., dim., aug. d'une m., dim., 1 droite.

18. Prendre la m. sans la tric., 19 droites, 1 à rebours, 3 droites, 1 à rebours, 3 droites, aug. d'une m., dim., 1 droite.

19. Prendre la m. sans la tric., 2 droites, aug. d'une m., dim., 2 droites, dim., aug. de 2 m., 1 droite, dim., aug. d'une m., dim., aug. d'une m., dim., aug. d'une m., dim., 1 droite.

20. Prendre la m. sans la tric., 10 droites, 1 à rebours, 5 droites, aug. d'une m., dim., 1 droite.

21. Prendre la m. sans la tric., 2 droites, aug. d'une m., dim., 6 droites, dim., aug. d'une m., dim., aug. d'une m., dim., aug. d'une m., dim., 1 droite.

22. Prendre la m. sans la tric., 15 droites, aug. d'une m., dim., 1 droite.

23. Prendre la m. sans la tric., 2 droites, aug. d'une

m., dim., 5 droites, dim., aug. d'une m., dim., aug. d'une m., dim., aug. d'une m., dim., 1 droite.

24. Prendre la m. sans la tric., 14 droites, aug. d'une m., dim., 1 droite.

25. Prendre la m. sans la tric., 2 droites, aug. d'une m., dim., 4 droites, dim., aug. d'une m., dim., aug. d'une m., dim., aug. d'une m., dim., 1 droite.

26. Prendre la m. sans la tric., 13 droites, aug. d'une m., dim., 1 droite.

27. Prendre la m. sans la tric., 2 droites, aug. d'une m., dim., 3 droites, dim., aug. d'une m., dim., aug. d'une m., dim., aug. d'une m., dim., 1 droite.

28. Prendre la m. sans la tric., 12 droites, aug. d'une m., dim., 1 droite.

29. Prendre la m. sans la tric., 2 droites. aug. d'une m., dim., 2 droites, dim., aug. d'une m., dim., aug. d'une m., dim., aug. d'une m., dim., 1 droite.

30. Prendre la m. sans la tric., 11 droites, aug. d'une m., dim., 1 droite.

MANCHETTE.

Fig. 21.—34 mailles.

1. Prendre la m. sans la tric., 2 droites, aug. d'une m., prendre la m. sans la tric. et la passer sur celle qu'on tric., 1 droite, aug. d'une m., prendre la m. sans la tric. et la passer sur celle qu'on tric., 1 droite, dim., aug. d'une m., 3 droites, aug. d'une m., prendre la m. sans la tric. et la passer sur celle qu'on tric., 1 droite, dim., aug. de 2 m., prendre la m. sans la tric. et la passer sur celle qu'on tric., dim., aug. de 2 m., prendre la m. sans la tric. et la passer sur celle qu'on tric., 2 droites, aug. d'une m., prendre la m. sans la tric. et la passer sur celle qu'on tric., 1 droite, aug. d'une m., prendre la m. sans la tric., et la passer sur celle qu'on tric., aug. d'une m., 2 droites.

2. Prendre la m. sans la tric., 7 droites, aug. d'une m., prendre la m. sans la tric., et la passer sur celle qu'on tric., 2 à rebours, 1 droite, 3 à rebours, 1 droite, 15 à rebours, aug. d'une m., prendre la m. sans la tric. et la passer sur celle qu'on tric., 1 droite.

3. Prendre la m. sans la tric., 2 droites, aug. d'une m., prendre la m. sans la tric. et la passer sur celle qu'on tric., 2 droites, aug. d'une m., prendre la m. sans la tric. et la passer sur celle qu'on tric., 6 droites, aug. d'une m., prendre la m. sans la tric. et la passer sur celle qu'on tric., 2 droites, dim., aug. de 2 m., prendre la m. sans la tric. et la passer sur celle qu'on tric., 4 droites, aug. d'une m., prendre la m. sans la tric. et la passer sur celle qu'on tric., 2 droites, aug. d'une m., prendre la m. sans la tric. et la passer sur celle qu'on tric., aug. d'une m., 2 droites.

4. Prendre la m. sans la tric., 8 droites, aug. d'une m., prendre la m. sans la tric. et la passer sur celle qu'on tric., 4 à rebours, 1 droite, 17 à rebours, aug. d'une m., prendre la m. sans la tric. et la passer sur celle qu'on tric., 1 droite.

5. Prendre la m. sans la tric., 2 droites, aug. d'une m., prendre la m. sans la tric. et la passer sur celle qu'on tric., 3 droites, aug. d'une m., prendre la m. sans la tric. et la passer sur celle qu'on tric., 1 droite, aug. d'une m., dim., 3 droites, aug. d'une m., prendre la m. sans la tric. et la passer sur celle qu'on tric., 9 droites, aug. d'une m., prendre la m. sans la tric. et la passer sur celle qu'on tric., 3 droites, aug. d'une m., prendre la m. sans sans la tric. et la passer sur celle qu'on tric., aug. d'une m., 2 droites.

6. Prendre la m. sans la tric., 9 droites, aug. d'une m., prendre la m. sans la tric. et la passer sur celle qu'on tric., 22 à rebours, aug. d'une m., prendre 1 m. sans la tric. et la passer sur celle qu'on tric., 1 droite.

7. Prendre la m. sans la tric., 2 droites, aug. d'une m., prendre la m. sans la tric. et la passer sur celle qu'on tric., 4 droites, aug. d'une m., prendre la m.

sans la tric. et la passer sur celle qu'on tric., 6 droites, aug. d'une m., prendre la m. sans la tric. et la passer sur celle qu'on tric., 8 droites, aug. d'une m., prendre la m. sans la tric. et la passer sur celle qu'on tric., 4 droites, aug. d'une m., prendre la m. sans la tric. et la passer sur celle qu'on tric., aug. d'une m., 2 droites.

8. Prendre la m. sans la tric., 10 droites, aug. d'une m., prendre la m. sans la tric. et la passer sur celle qu'on tric., 22 à rebours, aug. d'une m., prendre la m. sans la tric. et la passer sur celle qu'on tric., 1 droite.

9. Prendre la m. sans la tric., 2 droites, aug. d'une m., prendre la m. sans la tric., et la passer sur celle qu'on tric., 5 droites, aug. d'une m., prendre la m. sans la tric. et la passer sur celle qu'on tric., 1 droite, dim., aug. d'une m., 3 droites, aug. d'une m., prendre la m. sans la tric. et la passer sur celle qu'on tric., 7 droites, aug. d'une m., prendre la m. sans la tric. et la passer sur celle qu'on tric., 5 droites, aug. d'une m., prendre la m. sans la tric. et la passer sur celle qu'on tric., aug. d'une m., 2 droites.

10. Prendre la m. sans la tric., 11 droites, aug. d'une m., prendre la m. sans la tric. et la passer sur celle qu'on tric., 22 à rebours, aug. d'une m., prendre la m. sans la tric. et la passer sur celle qu'on tric., 1 droite.

11. Prendre la m. sans la tric., 2 droites, aug. d'une m., prendre la m. sans la tric. et la passer sur celle qu'on tric., 6 droites, aug. d'une m., prendre la m. sans la tric. et la passer sur celle qu'on tric., 6 droites, aug. d'une m., prendre la m. sans la tric. et la passer sur celle qu'on tric., 6 droites, aug. d'une m., prendre la m. sans la tric. et la passer sur celle qu'on tric., 3 droites, dim., aug. d'une m., dim., aug. d'une m., dim., 1 droite.

12. Prendre la m. sans la tric., 10 droites, aug. d'une m., prendre 1 m. sans la tric. et la passer sur celle qu'on tric., 22 à rebours, aug. d'une m., prendre la m. sans la tric. et la passer sur celle qu'on tric., 1 droite.

13. Prendre la m. sans la tric., 2 droites, aug. d'une

m., prendre la m. sans la tric. et la passer sur celle qu'on tric., 2 droites, aug. d'une m., prendre la m. sans la tric. et la passer sur celle qu'on tric., 1 droite, dim., aug. d'une m., 3 droites, aug. d'une m., prendre la m. sans la tric. et la passer sur celle qu'on tric., 5 droites, aug. d'une m., prendre la m. sans la tric. et la passer sur celle qu'on tric., 2 droites, dim., aug. d'une m., dim., aug. d'une m., dim., 1 droite.

14. Prendre la m. sans la tric., 9 droites, augm. d'une m., prendre la m. sans la tric. et la passer sur celle qu'on tric, 22 à rebours, aug. d'une m., prendre la m. sans la tric. et la passer sur celle qu'on tric., 1 droite.

15. Prendre la m. sans la tric., 2 droites, aug. d'une m., prendre la m. sans la tric. et la passer sur celle qu'on tric., 8 droites, aug. d'une m., prendre la m. sans la tric. et la passer sur celle qu'on tric., 6 droites, aug. d'une m., prendre la m. sans la tric. et la passer sur celle qu'on tric., 4 droites, aug. d'une m., prendre la m. sans la tric. et la passer sur celle qu'on tric., 1 droite, dim., aug. d'une m., dim., aug. d'une m, dim., 1 droite.

16. Prendre la m. sans la tric., 8 droites, aug. d'une m., prendre 1 m. sans la tric. et la passer sur celle qu'on tric., 22 à rebours, aug. d'une m., prendre la m. sans la tric. et la passer sur celle qu'on tric., 1 droite.

17. Prendre la m. sans la tric., 2 droites, aug. d'une m., prendre 1 m, sans la tric. et la passer sur celle qu'on tric., 2 droites, dim., aug. de 2 m., prendre la m. sans la tric. et la passer sur celle qu'on tric., 3 droites, aug. d'une m., prendre la m. sans la tric. et la passer sur celle qu'on tric., 1 droite, dim. aug. d'une m., 3 droites. aug. d'une m., prendre la m. sans la tric. et la passer sur celle qu'on tric., 3 droites, aug. d'une m., prendre la m. sans la tric. et la passer sur celle qu'on tric. , dim., aug. d'une m., dim., aug. d'une m., dim., 1 droite.

18. Prendre 1 m. sans la tric., 7 droites, aug. d'une m., prendre la m. sans la tric. et la passer sur celle qu'on tric., 15 à rebours, une droite, 6 à rebours, aug. d'une

m., prendre la m. sans la tric. et la passer sur celle qu'on tric., 1 droite.

19. Prendre la m., sans la tric., 2 droites, aug. d'une m., prendre la m. sans la tric. et la passer sur celle qu'on tric., dim. aug. de 2 m., prendre la m. sans la tric. et la passer sur celle qu'on tric., dim., aug. de 2 m., prendre la m. sans la tric. et la passer sur celle qu'on tric., 2 droites, aug. d'une m., prendre la m. sans la tric. et la passer sur celle qu'on tric., 6 droites, aug. d'une m., prendre la m. sans la tric. et la passer sur celle qu'on tric., 2 droites, aug. d'une m., prendre une m. sans la tric., dim. passer sur les m., diminuer la m. qu'on a prise sans la tric., aug. d'une m., dim., aug. d'une m., dim., 1 droite.

20. Prendre la m. sans la tric., 6 droites, aug. d'une m., prendre la m. sans la tric. et la passer sur celle qu'on tricote, 14 à rebours, 1 droite, 3 à rebours, 1 droite, 3 à rebours, aug. d'une m., prendre la m. sans la tric. et la passer sur celle qu'on tricote, 1 droite.

21. Prendre la m. sans la tric., 2 droites, aug. d'une m., prendre la m. sans la tric. et la passer sur celle qu'on tricote, 2 droites, dim., aug. de 2 m., prendre la m. sans la tric. et la passer sur celle qu'on tricote, 3 droites, dim., aug. d'une m., 1 droite, dim., aug. d'une m., 3 droites, dim., aug. d'une m., 3 droites, aug. d'une m., prendre une m. sans la tric. et la passer sur celle qu'on tric., 1 droite, aug. d'une m., prendre la m. sans la tric. et la passer sur celle qu'on tric., aug. d'une m., 2 droites.

22. Prendre la m. sans la tric., 7 droites, aug. d'une m., prendre la m. sans la tric. et la passer sur celle qu'on tric., 16 à rebours, 1 droite, 5 à rebours, aug. d'une m., prendre une m. sans la tric. et la passer sur celle qu'on tric., 1 droite.

23. Prendre la m. sans la tric., 2 droites, aug. d'une m., prendre la m. sans la tric. et la passer sur celle qu'on tricote, 8 droites, dim., aug. d'une m., 6 droites, dim., aug. d'une m., 4 droites, aug. d'une m., prendre

la m. sans la tric. et la passer sur celle qu'on tric., 2 droites, aug. d'une m., prendre la m. sans la tric. et la passer sur celle qu'on tric., aug. d'une m., 2 droites.

24. Prendre la m. sans la tric., 8 droites, aug. d'une m., prendre la m. sans la tric. et la passer sur celle qu'on tricote, 22 à rebours, aug. d'une m., prendre la m. sans la tric. et la passer sur celle qu'on tricote, 1 droite.

25. Prendre la m. sans la tric., 2 droites, aug. d'une m., prendre la m. sans la tric. et la passer sur celle qu'on tric., 7 droites, dim., aug. d'une m., 3 droites, aug. d'une m., dim., 1 droite, dim., aug. d'une m., 5 droites, aug. d'une m., prendre la m. sans la tric. et la passer sur celle qu'on tric., 3 droites, aug. d'une m., prendre la m. sans la tric. et la passer sur celle qu'on tric., aug. d'une m., 2 droites.

26. Prendre la m. sans la tric., 9 droites, aug. d'une m., prendre la m. sans la tric. et la passer sur celle qu'on tric., 22 à rebours, aug. d'une m., prendre la m. sans la tric. et la passer sur celle qu'on tric., 1 droite.

27. Prendre la m. sans la tric., 2 droites, aug. d'une m., prendre la m. sans la tric. et la passer sur celle qu'on tric., 6 droites, dim., aug. d'une m., 6 droites, dim., aug. d'une m., 6 droites, aug. d'une m., prendre la m. sans la tric. et la passer sur celle qu'on tric., 4 droites, aug. d'une m., prendre la m. sans la tric. et la passer sur celle qu'on tric., aug. d'une m., 2 droites.

28. Prendre la m. sans la tric., 10 droites, aug. d'une m., prendre la m., sans la tric. et la passer sur celle qu'on tricote, 22 à rebours, aug. d'une m., prendre la m. sans la tric. et la passer sur celle qu'on tricote, 1 droite.

29. Prendre la m. sans la tric., 2 droites, aug. d'une m., prendre la m. sans la tric. et la passer sur celle qu'on tricote, 5 droites, dim., aug. d'une m., 3 droites, aug. d'une m., dim., 1 droite, dim., aug. d'une m. 7 droites, aug. d'une m., prendre la m., sans la tric. et la passer sur celle qu'on tricote, 5 droites, aug. d'une m., prendre

la m. sans la tric. et la passer sur celle qu'on tricote, aug. d'une m., 2 droites.

30. Prendre la m. sans la tric., 11 droites, aug. d'une m., prendre la m. sans la tric. et la passer sur celle qu'on tricote, 22 à rebours, aug. d'une m., prendre la m. sans la tric. et la passer sur celle qu'on tricote, 1 droite.

31. Prendre la m. sans la tric., 2 droites, aug. d'une m., prendre la m. sans la tric. et la passer sur celle qu'on tricote, 4 droites, dim., aug. d'une m., 6 droites, dim., aug. d'une m., 8 droites, aug. d'une m., prendre la m. sans la tric. et la passer sur celle qu'on tricote, 3 droites, dim., aug., d'une m., dim., aug. d'une m., dim., 1 droite.

32. Prendre la m. sans la tric., 10 droites, aug. d'une m., prendre la m. sans la tric. et la passer sur celle qu'on tricote, 22 à rebours, aug. d'une m., prendre la m. sans la tric. et la passer sur celle qu'on tricote, 1 droite.

33. Prendre la m. sans la tric., 2 droites, aug. d'une m., prendre la m. sans la tric. et la passer sur celle qu'on tricote, 3 droites, dim., aug. d'une m., 3 droites, aug. d'une m., dim., 1 droite, dim., aug. d'une m., 9 droites, aug. d'une m., prendre la m. sans la tric. et la passer sur celle qu'on tricote, 2 droites, dim., aug. d'une m., dim., aug. d'une m., dim., 1 droite.

34. Prendre la m. sans la tric., 9 droites, aug. d'une m., prendre la m. sans la tric. et la passer sur celle qu'on tricote, 22 à rebours, aug. d'une m., prendre la m. sans la tric. et la passer sur celle qu'on tricote, 1 droite.

35. Prendre la m. sans la tric., 2 droites, aug. d'une m., prendre la m. sans la tric. et la passer sur celle qu'on tricote, 2 droites, dim., aug. d'une m., 6 droites dim., aug. d'une m., 10 droites, aug. d'une m., prendre 1 m. sans la tric. et la passer sur celle qu'on tricote, 1 droite, dim., aug. d'une m., dim. aug. d'une m. dim., 1 droite.

36. Prendre la m. sans la tric., 8 droites, aug. d'une

m., prendre la m. sans la tric. et la passer sur celle qu'on tricote, 22 à rebours, aug. d'une m., prendre la m. sans la tric. et la passer sur celle qu'on tricote, 1 droite.

37. Prendre la m. sans la tric., 2 droites, aug. d'une m., prendre la m. sans la tric. et la passer sur celle qu'on tricote, 1 droite, dim., aug. d'une m., 3 droites, aug. d'une m., dim., 1 droite dim., aug.. d'une m., 11 dr., aug. d'une m., prendre la m. sans la tric. et la passer sur celle qu'on tricote, dim., aug. d'une m., dim., aug. d'une m., dim., 1 droite.

38. Prendre la m. sans la tric., 7 droites, aug. d'une m., prendre la m. sans la tric. et la passer sur celle que l'on tricote, 22 à rebours, aug. d'une m., prendre la m. sans la tric. et la passer sur celle qu'on tricote, 1 droite.

39. Prendre la m. sans la tric., 2 droites, aug. d'une m., prendre la m. sans la tric. et la passer sur celle que l'on tricote, dim., aug. d'une m., 6 droites, dim., aug., d'une m., 4 droites, dim., aug. de 2 m., prendre la m. sans la tric. et la passer sur celle qu'on tricote, 4 droites, aug. d'une m., prendre la m. sans la tric., dim., passer sur les m., dim. la m. qu'on a prise sans la tricoter, aug. d'une m., dim., aug. d'une m., dim., 1 droite.

40. Prendre la m. sans la tric., 6 droites, aug. d'une m., prendre la m. sans la tric, et la passer sur celle qu'on tricote, 4 à rebours, 1 droite, 17 à rebours, aug. d'une m., prendre la m. sans la tric. et la passer sur celle qu'on tricote, 1 droite.

Lorsque la dentelle a atteint sa longueur, on la réunit à la manchette ou par le tricotage, ou par une couture, puis on reprend les mailles inférieures et on y tricote un bord comme à un bas, avec 2 mailles droites et 2 à rebours.

AUTRE MANCHETTE

Fig. 26.

Pour une main moyenne, on commence avec du fin coton 120 m. qu'on tricote comme un bas, 5o tours, en faisant 2 mailles droites et 2 à rebours, puis on commence un des modèles suivants, dont on tricote encore 5o tours qu'on arrête par une chaînette à laquelle on coud une dentelle. La partie de la manchette, qui ne se compose que des mailles droites et à rebours, peut se faire avec du coton plus gros ; dans ce cas, 100 m. suffisent ; on augmente les 20 autres, si on se sert de coton plus fin.

BAS DE LA MANCHETTE.

1. 2 droites, aug. d'une m., prendre une m., sans tric. et la passer sur celle qu'on tric.

2. Dim., aug. d'une m., 2 droites, et continuez ainsi pour faire 5o tours.

MILIEU.

1. 2 droites, prendre la m. sans la tric. et la passer sur celle qu'on tric., dim., 3 droites, aug. d'une m., 1 droite, aug. d'une.

2. Tout droit, et continuer pour faire 5o tours.

DENTELLE OU HAUT DE LA MANCHETTE.

Elle est la même que celle fig. 1re, et elle se fait comme nous l'avons dit ci-dessus.

EXPLICATION DES DESSINS EN TRICOT-DENTELLE

pl. 23, n°s 6 à 15 ; pl. 24, n°s 17 à 20 ; pl. 25, n°s 22 et 23 ; pl. 26, n°s 24 et 25.

Dentelle pour mouchoirs.—10 mailles (voy. la fig. n° 6).

1. *aig.* 1 nulle, 1 à l'endroit, 3 aug., 1 à l'endroit, 1 aug., 1 à l'endroit, 1 aug., 1 rétrécir, 4 m. à l'endroit.

2. *aig.* 9 à l'endroit, 1 à l'envers, 1 à l'endroit, 1 à l'envers, 2 à l'endroit.

3. *aig.* 1 nulle, 7 à l'endroit 1 aug., 3 à l'endroit, 1 aug., 1 rétrécir, 2 à l'endroit.

4. *aig.* 1 nulle, 15 à l'endroit.

5. *aig.* 1 nulle, 7 à l'endroit, 1 aug., 1 rétrécir, 1 à l'endroit, 1 aug., 1 rétrécir, 1 à l'endroit.

6. *aig.* 1 nulle, 14 à l'endroit.

7. *aig.* 1 surjeter, 6 à l'endroit, 1 aug., 1 rétrécir, 1 à l'endroit, 1 rétrécir, 1 aug., 2 à l'endroit.

8. *aig.* 1 nulle, 11 à l'endroit, 1 rétrécir.

9. *aig.* 3 surjeter, 3 à l'endroit, 1 aug., 3 rétrécir, 1 aug., 3 à l'endroit.

10. *aig.* 1 surjeter, 9 à l'endroit.

DOUBLE DENTELLE A ANGLE.

12 mailles (voy. fig. 7).

1. *aig.* 1 nulle, 2 à l'endroit, 1 aug., 1 rétrécir, 2 aug., 1 rétrécir, 5 à l'endroit.

2. *aig.* 1 nulle, 6 à l'endroit, 1 à l'envers, 2 à l'endroit, 1 aug., 1 rétrécir, 1 à l'endroit.

3. *aig.* 1 nulle, 2 à l'endroit, 1 aug., 1 rétrécir, 2 à l'endroit, 2 aug., 1 rétrécir, 4 à l'endroit.

4. *aig.* 1 nulle, 5 à l'endroit, 1 à l'envers, 4 à l'endroit, 1 aug., 1 rétrécir, 1 à l'endroit,

5. *aig.* 1 nulle, 2 à l'endroit, 1 aug., 1 rétrécir, 4 à l'endroit, 2 aug., 1 rétrécir, 3 à l'endroit.

6. *aig.* 1 nulle, 4 à l'endroit, 1 à l'envers, 6 à l'endroit, 1 aug., 1 rétrécir, 1 à l'endroit.

7. *aig.* 1 nulle, 2 à l'endroit, 1 aug., 1 rétrécir, 10 à l'endroit.

8. *aig.* 3 surjeter, 8 à l'endroit, 1 aug., 1 rétrécir, 1 à l'endroit.

9. *aig.* 1 nulle, 2 à l'endroit, 1 aug., 1 rétrécir, 1 à l'endroit, 1 rétrécir, 2 aug., 4 à l'endroit.

10. *aig.* 1 nulle, 4 à l'endroit, 1 à l'envers, 4 à l'endroit, 1 aug., 1 rétrécir, 1 à l'endroit.

11. *aig.* 1 nulle, 2 à l'endroit, 1 aug., 2 rétrécir, 2 aug., 6 à l'endroit.

12. *aig.* 1 nulle, 6 à l'endroit, 1 à l'envers, 3 à l'endroit, 1 aug., 1 rétrécir, 1 à l'endroit.

13. *aig.* 1 nulle, 2 à l'endroit, 1 aug., 1 surjeter, 1 rétrécir et la surjeter sur la rétrécie, 2 aug., 8 à l'endroit.

14. *aig.* 1 nulle, 8 à l'endroit, 1 à l'envers, 2 à l'endroit, 1 aug., 1 rétrécir, 1 à l'endroit.

15. *aig.* 1 nulle, 2 à l'endroit, 1 aug., 1 rétrécir, 10 à l'endroit.

16. *aig.* 1 nulle, 8 à l'endroit, 1 aug., 1 rétrécir, 1 à l'endroit.

11. *Modèle pour dentelle en germe rentré.*—10 mailles
(voy. la fig. n° 8).

1. *aig.* 1 nulle, 2 à l'endroit, 1 aug., 1 rétrécir, 2 aug., 1 rétrécir, 2 aug., 1 rétrécir, 1 à l'endroit.

2. *aig.* 1 nulle, 2 à l'endroit, 1 à l'envers, 2 à l'endroit, 1 à l'envers, 2 à l'endroit, 1 aug., 1 rétrécir, 1 à l'endroit.

3. *aig.* 1 nulle, 2 à l'endroit, 1 aug., 1 rétrécir, 7 à l'endroit.

4. *aig.* 1 nulle, 8 à l'endroit, 1 aug., 1 rétrécir, 1 à l'endroit.

5. *aig.* 1 nulle, 2 à l'endroit, 1 aug., 1 rétrécir, 2 aug., 1 rétrécir, 2 aug., 1 rétrécir, 2 aug., 1 rétrécir, 1 à l'endroit.

6. *aig.* 1 nulle, 2 à l'endroit, 1 à l'envers, 2 à l'endroit, 1 à l'envers, 2 à l'endroit, 1 à l'envers, 2 à l'endroit, 1 aug., 1 rétrécir, 1 à l'endroit.

7. *aig.* 1 nulle, 2 à l'endroit, 1 aug., 1 rétrécir, 10 à l'endroit.

8. *aig.* 1 nulle, 11 à l'endroit, 1 aug., 1 rétrécir, 1 à l'endroit.

9. *aig.* 1 nulle, 2 à l'endroit, 1 aug., 1 rétrécir, 1 nulle, 1 rétrécir, surjeter la m. non tricotée sur la rétrécie, 2 aug., 1 nulle, 1 rétrécir, 2 aug., 1 nulle, 1 rétrécir, surjeter la m. non tricotée sur la rétrécie, 1 à l'endroit.

10. *aig.* 1 nulle, 2 à l'endroit, 1 à l'envers, 2 à l'endroit, 1 à l'envers, 3 à l'endroit, 1 aug., 1 rétrécir, 1 à l'endroit.

11. *aig.* 1 nulle, 2 à l'endroit, 1 aug., 1 rétrécir, 8 à l'endroit.

12. *aig.* 1 nulle, 9 à l'endroit, 1 aug., 2 rétrécir, 1 à l'endroit.

13. *aig.* 1 nulle, 2 à l'endroit, 1 aug., 1 rétrécir, 5 à l'endroit, 1 nulle, tricoter la dernière sur l'avant-dernière deux fois, afin que cela fasse une seule maille.

14. *aig,* 1 nulle, 6 à l'endroit, 1 aug., 1 rétrécir, 1 à l'endroit.

Autre dentelle.—11 mailles (voy. la fig. n° 9).

1. *aig.* 1 nulle, 1 rétrécir, 1 aug., 1 croiser, 4 à l'endroit, 2 aug., 3 à l'endroit.

2. *aig.* 1 nulle, 3 à l'endroit, 1 à l'envers, 4 à l'endroit, 1 croiser, 3 à l'endroit.

3. *aig.* 1 nulle, 1 rétrécir, 1 aug., 1 croiser, 9 à l'endroit.

4. *aig.* 1 nulle, 8 à l'endroit, 1 croiser, 3 à l'endroit.

5. *aig.* 1 nulle, 1 rétrécir, 1 aug., 1 croiser, 4 à l'endroit, 1 rétrécir, 2 aug., 3 à l'endroit.

6. *aig.* 1 nulle, 3 à l'endroit, 1 à l'envers, 5 à l'endroit, 1 croiser, 3 à l'endroit.

7. *aig.* 1 nulle, 1 rétrécir, 1 aug., un croiser, 10 à l'endroit.

8. *aig.* 1 nulle, 9 à l'endroit, 1 croiser, 3 à l'endroit.

9. *aig.* 1 nulle, 1 rétrécir, 1 aug., 1 croiser, 4 à l'endroit, 2 aug., 4 à l'endroit.

10. *aig.* 1 nulle, 5 à l'endroit, 1 à l'envers.

11. *aig.* 1 nulle, 1 rétrécir, 1 aug., 1 croiser, 11 à l'endroit.

12. *aig.* 2 surjeter, 8 à l'endroit, 1 croiser, 3 à l'endroit.

13. *aig.* 1 nulle, 1 rétrécir, 1 aug., 1 croiser, 9 à l'endroit.

14. *aig.* 2 surjeter, 6 à l'endroit, 1 croiser, 3 à l'endroit.

Le dessin de cette dentelle sera contourné avec du fil gros comme le précédent.

Autre dentelle.—15 mailles (voy. la fig, n° 10).

1. *aig.* 1 nulle, 14 à l'endroit.

2. *aig.* 3ᵉ et 4ᵉ pareillement.

5. *aig.* 6 à l'endroit, 2 fois aug., 1 rétrécir, 1 à l'endroit, 2 fois aug., 1 rétrécir, 1 à l'endroit, 2 fois aug., 1 rétrécir, 1 à l'endroit.

6. *aig.* 3 à l'endroit, 1 à l'envers, 3 à l'endroit, 1 à l'envers, 3 à l'endroit, 1 à l'envers, 6 à l'endroit.

7. *aig.* 1 nulle, 17 à l'endroit.

8. *aig.* 9ᵉ et 10ᵉ pareillement.

11. *aig.* 3 surjeter, 14 à l'endroit.

Lorsqu'on a fait la dentelle, on la coud sur du papier bleu, et l'on trace avec du fil gros comme le dessin l'indique.

Modèle pour entre-deux.—18 mailles (voy. la fig. nº 11).

1. *aig.* 1 nulle, 2 à l'endroit, 1 aug., 1 rétrécir, 1 aug., 1 à l'endroit, encore 7 fois cela, 2 à l'endroit, 1 aug., 1 rétrécir, 1 à l'endroit.

2. *aig.* 1 nulle, 1 aug., 1 rétrécir, 18 à l'envers, 1 aug., 1 rétrécir, 1 à l'endroit.

3. *aig.* 1 nulle, 2 à l'endroit, 1 aug., 1 rétrécir, 18 à l'endroit, 1 aug., 1 rétrécir, 1 à l'endroit.

4. *aig.* 1 nulle, 2 à l'endroit, 1 aug., 9 fois rétrécir à l'envers, 2 à l'endroit, 2 aug. 1 rétrécir, 1 à l'endroit.

Modèle pour manchettes,—14 mailles (voy. la fig. 12).

1. *aig.* 1 nulle, 1 rétrécir, 1 aug., 1 croiser, 2 à l'endroit, 2 aug., 4 à l'endroit, 2 aug., 1 rétrécir, 2 à l'endroit.

2. *aig.* 4 à l'endroit, 1 à l'envers, 5 à l'endroit, 1 à l'envers, 2 à l'endroit, 1 croiser, 3 à l'endroit.

3. *aig.* 1 nulle, 1 rétrécir, 1 aug., 1 croiser, 2 à l'endroit, 3 rétrécir ensemble, 8 à l'endroit.

4. *aig.* 11 à l'endroit, 1 croiser, 3 à l'endroit.

5. *aig.* 1 nulle, 1 rétrécir, 1 aug., 1 croiser, 2 à l'endroit, 2 aug., 2 à l'endroit, 1 rétrécir, 2 aug., 2 à l'endroit, 2 aug., 3 à l'endroit.

6. *aig.* 4 à l'endroit, 1 à l'envers, 3 à l'endroit, 1 à l'envers, 5 à l'endroit, 1 à l'envers, 2 à l'endroit, 1 croiser 3 à l'endroit.

7. *aig.* 1 nulle, 1 rétrécir, 1 aug., 1 croiser, 16 à l'endroit.

8. *aig.* 11 à l'endroit, 3 rétrécir ensemble, 2 à l'endroit 1 croiser, 3 à l'endroit.

9. *aig.* 1 nulle, 1 rétrécir, 1 aug., 1 croiser, 2 à l'endroit, 2 aug., 7 à l'endroit, 2 aug., 15 à l'endroit,

10. *aig.* 6 à l'endroit, 1 à l'envers, 8 à l'endroit, 1 à l'envers, 2 à l'endroit, 1 croiser, 3 à l'endroit.

11. *aig.* 1 nulle, 1 rétrécir, 1 aug., 1 croiser, 2 à l'endroit, 3 rétrécir ensemble, 13 à l'endroit.

12. *aig.* 6 surjeter, 9 à l'endroit, 1 croiser, 3 à l'endroit.

Lorsqu'on a fini, il faut attacher la dentelle sur le papier bleu et prendre une aiguille avec du fil plus gros que la dentelle, avec lequel on trace tous les trous comme dans le modèle.

Autre modèle.—20 mailles (voy. la fig. n° 13).

1. *aig.* 1 nulle, 2 à l'endroit, 1 aug., 1 croiser, 1 rétrécir, 3 à l'endroit, 2 aug., 1 rétrécir, 2 aug., 1 rétrécir, 2 à l'endroit, 2 aug., 1 rétrécir, 3 à l'endroit.

2. *aig.* 1 nulle, 4 à l'endroit, 1 à l'envers, 4 à l'endroit, 1 à l'envers, 2 à l'endroit, 1 à l'envers, 5 à l'endroit, 1 aug., 1 croiser, 1 rétrécir, 1 croiser.

3. *aig.* 1 nulle, 2 à l'endroit, 1 aug., 1 croiser, 1 rétrécir, 4 à l'endroit, 1 croiser, 1 rétrécir, 2 aug., 1 croiser, 1 rétrécir, 4 à l'endroit, 2 aug., 4 à l'endroit.

4. *aig.* 1 nulle, 4 à l'endroit, 1 à l'envers, 6 à l'endroit, 1 à l'envers, 1 rétrécir, 6 à l'endroit, 1 aug., 1 croiser, 1 rétrécir, 1 croiser.

5. *aig.* 1 nulle, 2 à l'endroit, 1 aug., 1 croiser, 1 rétrécir, 3 à l'endroit, 2 aug., 1 rétrécir, 2 aug., 1 rétrécir, 3 à l'endroit, 1 rétrécir, 2 aug., 6 à l'endroit.

6. *aig.* 1 nulle, 6 à l'endroit, 1 à l'envers, 6 à l'endroit, 1 à l'envers, 2 à l'endroit, 1 à l'envers, 5 à l'endroit, 1 aug., 1 croiser, 1 rétrécir, 1 croiser.

7. *aig.* 1 nulle, 2 à l'endroit, 1 aug., 1 croiser, 1 rétrécir, 3 à l'endroit, 1 croiser, 1 rétrécir, 1 à l'endroit, 1 croiser, 1 rétrécir, 11 à l'endroit.

8. *aig.* 5 surjeter, 15 à l'endroit, 1 aug., 1 croiser, 1 rétrécir, 1 croiser.

9. *aig.* 1 nulle, 2 à l'endroit, 1 aug., 1 croiser, 1 rétrécir, 14 à l'endroit.

10. *aig.* 1 nulle, 15 à l'endroit, 1 aug., 1 croiser, 1 rétrécir, 1 croiser.

11. *aig.* 1 nulle, 2 à l'endroit, 1 aug., 1 croiser, 1 rétrécir, 14 à l'endroit.

12. *aig.* 1 nulle, 15 à l'endroit, 1 aug., 1 croiser, 1 rétrécir, 1 croiser.

Il faut pareillement passer du fil gros, comme on le voit dans le modèle.

Autre modèle.—13 mailles (voy. la fig. 14).

1. *aig.* 1 nulle, 12 à l'endroit.

2. *aig.* 1 nulle, 1 à l'endroit, 1 rétrécir, 2 aug., 1 rétrécir, 7 à l'endroit.

3. *aig.* 1 nulle, 8 à l'endroit, 1 à l'envers, 3 à l'endroit.

4. *aig.* 1 nulle, 12 à l'endroit.

5. *aig.* 1 nulle, 12 à l'endroit.

6. *aig.* 1 nulle, 1 à l'endroit, 1 rétrécir, 2 aug., 1 rétrécir, 2 à l'endroit, 2 aug., 1 à l'endroit, 2 aug., 1 à l'endroit, 2 aug., 1 à l'endroit, 2 aug., 2 à l'endroit.

7. *aig.* 1 nulle, 2 à l'endroit, 1 à l'envers, 2 à l'endroit, 1 à l'envers, 2 à l'endroit, 1 à l'envers, 2 à l'endroit, 1 à l'envers, 4 à l'endroit, 1 à l'envers, 3 à l'endroit.

8. *aig.* 1 nulle, 20 à l'endroit.

9. *aig.* comme la précédente.

10. *aig.* 1 nulle, 1 à l'endroit, 1 rétrécir, 2 aug., 1 rétrécir, 15 à l'endroit.

11. *aig.* tricoter seulement 12 mailles longues, aug., 5 à l'endroit, 1 à l'envers, 3 à l'endroit.

12. *aig.* 1 nulle, 9 à l'endroit, 1 à l'envers, 1 à l'endroit. De ces 12 mailles longues, il faut faire une seule maille, et tricoter encore une fois.

Modèle pour manchettes avec double bord en serpent.—31 mailles (voy. la fig. 15).

1. *aig.* 1 nulle, 2 à l'endroit, 1 aug., 1 rétrécir, 1 aug.

1 rétrécir, 1 à l'endroit, 1 aug., 1 rétrécir, 1 à l'endroit, 1 aug., 1 rétrécir, 1 à l'endroit, 1 aug., 1 rétrécir, 1 à l'endroit, 1 aug., 1 rétrécir, 1 à l'endroit, 1 aug., 1 rétrécir, 1 à l'endroit, 1 aug., 1 rétrécir, 2 à l'endroit, 2 aug., 1 rétrécir, 1 à l'endroit, 1 aug., 1 rétrécir, 1 à l'endroit.

2. *aig.* 1 nulle, 2 à l'endroit, 1 à l'envers, 2 à l'endroit, 1 à l'envers, 3 à l'endroit, 1 aug., 1 rétrécir, 18 à l'endroit, 1 aug., 1 rétrécir, 1 à l'endroit.

3. *aig.* 1 nulle, 2 à l'endroit, 1 aug., 1 rétrécir, 1 à l'endroit, 1 aug., 1 rétrécir, 1 à l'endroit, 1 aug., 1 rétrécir, 1 à l'endroit, 1 aug., 1 rétrécir, 1 l'endroit, 1 aug., 1 rétrécir, 1 à l'endroit, 1 aug., 1 rétrécir, 3 à l'endroit, 1 aug., 1 rétrécir, 8 à l'endroit.

4. *aig.* 1 nulle, 10 à l'endroit, 1 aug., 1 rétrécir, 18 à l'endroit, 1 aug., 1 rétrécir, 1 à l'endroit.

5. *aig.* 1 nulle, 2 à l'endroit, 1 aug., 1 rétrécir, 1 aug., 1 rétrécir, 1 à l'endroit, 1 aug., 1 rétrécir, 1 à l'endroit, 1 aug., 1 rétrécir, 1 à l'endroit, 1 aug., 1 rétrécir, 1 à l'endroit, 1 aug., 1 rétrécir, 1 à l'endroit, 1 aug., 1 rétrécir, 1 à l'endroit, 1 aug., 1 rétrécir. 3 à l'endroit, 2 aug., 1 rétrécir, 2 aug., 1 rétrécir, 1 à l'endroit.

6. *aig.* 1 nulle, 2 à l'endroit, 1 à l'envers, 2 à l'endroit, 1 à l'envers, 5 à l'endroit, 1 aug., 1 rétrécir, 18 à l'endroit, 1 aug., 1 rétrécir, 1 à l'endroit.

7. *aig.* 1 nulle, 2 à l'endroit, 1 aug., 1 rétrécir, 2 à l'endroit, 1 aug., 1 rétrécir, 1 à l'endroit, 1 aug., 1 rétrécir, 1 à l'endroit, 1 aug., 1 rétrécir, 1 à l'endroit, 1 aug., 1 rétrécir, 1 à l'endroit, 1 aug., 1 rétrécir, 2 à l'endroit, 1 aug., à rétrécir, 10 à l'endroit.

8. *aig.* 1 nulle, 11 à l'endroit, 1 aug., 1 rétrécir, 18 à l'endroit, 1 aug., 1 rétrécir, 1 à l'endroit.

9. *aig.* 1 nulle, 2 à l'endroit, 1 aug., 1 rétrécir, 1 à l'endroit, 1 aug., 1 rétrécir, 1 à l'endroit, 1 aug., 1 rétrécir, 1 à l'endroit, 1 aug., 1 rétrécir, 1 à l'endroit, 1 aug., 1 rétrécir, 1 à l'endroit, 1 aug., 1 rétrécir, 3 à l'endroit, 1 aug., 1 rétrécir, 5 à l'endroit, 2 aug., 1 rétrécir, 1 à l'endroit, 2 aug., 2 à l'endroit.

10. *aig.* 1 nulle, 2 à l'endroit, 1 à l'envers, 1 rétrécir, 1 à l'endroit, 1 à l'envers, 1 rétrécir, 5 à l'endroit, 1 aug., 1 rétrécir, 18 à l'endroit, 1 aug., 1 rétrécir, 1 à l'endroit.

11. *aig.* 1 nulle, 2 à l'endroit, 1 aug., 1 rétrécir, 1 aug., 1 rétrécir, 1 à l'endroit, 1 aug., 1 rétrécir, 1 à l'endroit, 1 aug., 1 rétrécir, 1 à l'endroit, 1 aug., 1 rétrécir, 1 à l'endroit, 1 aug., 1 rétrécir, 1 à l'endroit, 1 aug., 1 rétrécir, 1 à l'endroit, 1 aug., 1 rétrécir, 2 à l'endroit, 1 rétrécir, 7 à l'endroit.

12. *aig.* 1 nulle, 2 fois rétrécir, 2 à l'endroit, 1 rétrécir, 3 à l'endroit, 1 aug., 1 rétrécir, 18 à l'endroit, 1 aug., 1 rétrécir, 1 à l'endroit.

13. *aig.* 1 nulle, 2 à l'endroit, 1 aug., 1 rétrécir, 2 à l'endroit, 1 aug., 1 rétrécir, 1 à l'endroit, 1 aug., 1 rétrécir, 1 à l'endroit, 1 aug., 1 rétrécir, 1 à l'endroit, 1 aug., 1 rétrécir, 1 à l'endroit, 1 aug., 1 rétrécir, 2 à l'endroit, 1 aug., 1 rétrécir, 2 à l'endroit, 2 aug., 1 rétrécir, 2 aug., 1 rétrécir, 1 à l'endroit.

14. *aig.* 1 nulle, 1 rétrécir, 2 à l'endroit, 1 à l'envers, 1 à l'endroit, 1 rétrécir, 2 à l'endroit, 1 aug., 1 rétrécir, 18 à l'endroit, 1 aug., 1 rétrécir, 1 à l'endroit.

15. *aig.* 1 nulle, 2 à l'endroit, 1 aug., 1 rétrécir, 1 à l'endroit, 1 aug., 1 rétrécir, 1 à l'endroit, 1 aug., 1 rétrécir, 1 à l'endroit, 1 aug., 1 rétrécir, 1 à l'endroit, 1 aug., 1 rétrécir, 1 à l'endroit, 1 aug., 1 rétrécir, 1 à l'endroit, 1 aug., 1 rétrécir, 3 à l'endroit, 1 aug., 1 rétrécir, 7 à l'endroit.

16. *aig.* 1 nulle, 1 rétrécir, 6 à l'endroit, 1 aug., 1 rétrécir, 18 à l'endroit, 1 aug., 1 rétrécir, 1 à l'endroit.

Modèle pour manchettes (fig. 17).—Commencer par 28 mailles.

1. *aig.* Prendre la maille sans la tricoter, 3 à l'endroit, 1 aug., 1 rétrécir, 18 à l'endroit, 1 aug., 1 rétrécir. 2 aug., 2 à l'endroit.

2. *aig.* 1 m. nulle, 2 à l'endroit, 1 à l'envers, 2 à l'endroit, 1 aug., 1 rétrécir, 1 à l'envers, 1 rétrécir, 5 à l'en-

droit, 7 fois aug., 5 à l'endroit, 1 rétrécir, 1 à l'envers, 2 à l'endroit, 1 aug., 1 rétrécir, 2 à l'endroit.

3. *aig.* 1 m. nulle, 3 à l'endroit, 1 aug., 1 rétrécir, 1 à l'endroit, 1 à l'envers rétrécir, 4 à l'envers, croiser les 7 m. aug., 4 à l'envers, 1 à l'envers rétrécir, 3 à l'endroit, 1 aug., 1 rétrécir, 4 à l'endroit.

4. *aig.* 1 m. nulle, 5 à l'endroit, 1 aug., 1 rétrécir, 1 à l'envers, 1 à l'endroit rétrécir, 3 à l'endroit, 1 aug., 1 à l'endroit, 1 aug., 1 à l'endroit, 7 fois comme cela, jusqu'à 12 mailles, 3 à l'endroit, 1 rétrécir, 1 à l'envers, 2 à l'endroit, 1 aug., 1 rétrécir, 2 à l'endroit.

5. *aig.* 1 m. nulle, 3 à l'endroit, 1 aug., 1 rétrécir, 1 à l'endroit, 1 à l'envers rétrécir, 18 à l'envers, 1 à l'envers rétrécir, 3 à l'endroit, 1 aug., 1 rétrécir, 2 aug., 1 rétrécir, 2 aug., 2 à l'endroit.

6. *aig.* 1 m. nulle, 2 à l'endroit, 1 à l'envers, 2 à l'endroit, 1 à l'envers, 2 à l'endroit, 1 m. aug., et 1 rétrécir, 1 à l'envers, 1 rétrécir, 16 à l'endroit, 1 rétrécir, 1 à l'envers, 2 à l'endroit, 1 aug., 1 rétrécir, 2 m. à l'endroit.

7. *aig.* 1 m. nulle, 3 à l'endroit, 1 aug., 1 rétrécir, 1 m. à l'endroit, 1 à l'envers rétrécir, 14 à l'envers, 1 à l'envers rétrécir, 3 à l'endroit, 1 aug., 1 rétrécir, 7 à l'endroit.

8. *aig.* 5 m. surjeter, 3 à l'endroit, 1 aug., 1 rétrécir, 1 à l'envers, 1 à l'envers rétrécir, 12 à l'envers, 1 à l'envers rétrécir, 1 à l'envers, 2 à l'endroit, 1 aug., 1 rétrécir, 2 à l'endroit.

9. *aig.* 1 m. nulle, 3 à l'endroit, 1 aug., 1 rétrécir, 18 m. à l'endroit, 1 aug., 1 rétrécir, 2 aug., 2 à l'endroit.

10. *aig.* 1 m. nulle, 2 à l'endroit, 1 à l'envers, 2 m. à l'endroit, 1 aug., 1 rétrécir, 1 à l'envers, 1 rétrécir, 5 à l'endroit, 7 fois aug., 5 m. à l'endroit, 1 rétrécir, 1 à l'envers, 2 à l'endroit, 1 aug., 1 rétrécir, 2 à l'endroit.

Continuer par le 3e aiguille.

Autre modèle pour manchettes.—21 mailles (fig. n° 18).

1. *aig.* 1 m. nulle, 1 rétrécir, 2 aug., 1 rétrécir, 2 m. à l'endroit, 1 aug., 3 à l'endroit, 1 aug., 6 à l'endroit, 2 aug., 1 rétrécir, 2 aug., 1 rétrécir, 1 à l'endroit.

2. *aig.* 1 m. nulle, 2 à l'endroit, 1 à l'envers, 2 à l'endroit, 1 à l'envers, 2 à l'endroit, 5 à l'envers, 1 aug., 1 à l'envers rétrécir, 2 à l'envers, 1 aug., 1 à l'envers rétrécir, 2 à l'envers, 3 à l'endroit.

3. *aig.* 1 nulle, 1 rétrécir, 2 aug., 1 rétrécir, 2 à l'endroit, 1 aug., 1 rétrécir, 2 à l'endroit, 1 aug., 1 rétrécir, 12 à l'endroit.

4. *aig.* 1 nulle, 7 à l'endroit, 6 à l'envers, 1 aug., 1 à l'envers rétrécir, 2 à l'envers, 1 aug., 1 à l'envers rétrécir, 2 à l'envers, 3 à l'endroit.

5. *aig.* 1 nulle, 1 rétrécir, 2 aug., 1 rétrécir, 2 à l'endroit, 1 aug., 1 rétrécir, 2 à l'endroit, 1 aug., 1 rétrécir, 12 à l'endroit.

6. *aig.* 1 nulle, 7 à l'endroit, 6 à l'envers, 1 aug., continuer comme la 4ᵉ aiguille.

7. *aig.* 1 nulle, 1 rétrécir, 2 aug., 1 rétrécir, 1 aug., 2 fois rétrécir, 1 aug., 2 fois rétrécir, 1 aug., 1 rétrécir, 3 à l'endroit, 2 aug., 1 rétrécir, 2 aug., 1 rétrécir, 2 aug., 1 rétrécir, 1 à l'endroit.

8. *aig.* 1 nulle, 2 à l'endroit, 1 à l'envers, 2 à l'endroit, 1 à l'envers, 2 à l'endroit, 1 à l'envers, 1 à l'endroit, 4 à l'envers, 1 aug., 3 à l'envers, 1 aug., 3 à l'envers, 1 aug., 2 à l'envers, 3 à l'endroit.

9. *aig.* 1 nulle, 1 rétrécir, 2 aug., 1 rétrécir, 1 à l'endroit, 1 aug., 1 rétrécir, 2 à l'endroit, 1 aug., 1 rétrécir, 2 à l'endroit, 1 aug., 1 rétrécir, 13 m. à l'endroit.

10. *aig.* 1 nulle, 10 à l'endroit, 4 à l'envers, 1 aug., 1 à l'envers rétrécir, 2 à l'envers, 1 aug., 1 à l'envers rétrécir, 2 à l'envers, 1 aug., 1 à l'envers rétrécir, 1 à l'envers, 3 à l'endroit.

11. *aig.* 1 nulle, 1 rétrécir, 2 aug., 1 rétrécir, 1 à l'endroit, 1 aug., 1 rétrécir, 2 à l'endroit, 1 aug., 1 rétrécir,

2 à l'endroit, 1 aug., 1 rétrécir, 5 à l'endroit, 2 aug., 1 surjeter, 1 rétrécir, croiser les surjetées sur les rétrécies, 2 fois aug., 1 surjeter, 1 rétrécir, croiser les surjetées sur les rétrécies, 1 à l'endroit rétrécir.

12. *aig.* 1 nulle, 2 à l'endroit, 1 à l'envers, 2 à l'endroit. 1 à l'envers, 3 à l'endroit, 4 à l'envers, 1 aug., 1 à l'envers rétrécir, 2 à l'envers, 1 aug., 1 m. à l'envers rétrécir, 2 à l'envers, 1 aug., 1 m. à l'envers rétrécir, 1 à l'endroit, 1 à l'envers, 2 à l'endroit.

13. *aig.* 1 nulle, 1 rétrécir, 2 aug., 1 rétrécir, 1 à l'endroit, 1 aug., 1 rétrécir, 2 à l'endroit, 1 aug., 1 rétrécir, 2 à l'endroit, 1 aug., 1 rétrécir, 12 à l'endroit.

14. *aig.* 1 nulle, 9 à l'endroit, 4 à l'envers. 1 aug., 1 à l'envers rétrécir, 2 à l'envers, 1 aug., 1 à l'envers rétrécir, 2 à l'envers, 1 aug., 1 à l'envers rétrécir, 1 à l'endroit, 1 à l'envers, 2 à l'endroit.

15. *aig.* 1 nulle, 1 rétrécir, 2 aug., 1 rétrécir, 1 à l'endroit, 1 aug., 1 rétrécir, 2 à l'endroit, 1 aug., 1 rétrécir, 2 à l'endroit, 1 aug., 1 rétrécir, 2 à l'endroit, 1 aug., 1 rétrécir, 8 à l'endroit, croiser les dernières mailles sur l'avant-dernière deux fois, 1 à l'endroit.

16. *aig.* 1 nulle, 7 à l'endroit, 1 à l'envers, 2 à l'envers rétrécir, 1 aug., 2 fois à l'envers rétrécir, 1 aug., 2 fois à l'envers rétrécir, 1 à l'endroit, 1 à l'envers, 2 à l'endroit.

Il faut tricoter ce modèle avec beaucoup d'attention.

17. *aig.* 1 nulle, 2 à l'endroit, 1 aug., 1 rétrécir, 1 aug., 1 rétrécir, 1 à l'endroit, 1 aug., 1 rétrécir, 1 à l'endroit, 1 aug., 1 rétrécir, 1 à l'endroit, 1 aug., 1 rétrécir, 1 à l'endroit, 1 aug., 1 rétrécir, 1 à l'endroit, 1 aug., 1 rétrécir, 1 à l'endroit, 1 aug., 1 rétrécir, 1 à l'endroit, 2 aug., 1 rétrécir, 2 aug., 1 rétrécir, 1 à l'endroit.

18. *aig.* 1 nulle, 2 à l'endroit, 1 à l'envers, 2 à l'endroit, 1 à l'envers, 3 à l'endroit, 1 aug., 1 rétrécir, 18 à l'endroit, 1 aug., 1 rétrécir, 1 à l'endroit.

Commencer de nouveau pour la 3e aiguille.

MODÈLE POUR MANCHETTES

28 mailles (fig. 19).

1. *aig.* 1 nulle, 1 rétrécir, 2 aug., 1 rétrécir, 2 à l'endroit, 1 rétrécir, 2 aug., 1 rétrécir, 1 m. à l'endroit, 1 rétrécir, 2 aug., 1 rétrécir, 2 à l'endroit, 2 aug., 1 rétrécir, 2 aug., 1 rétrécir, 2 à l'endroit.

2. *aig.* 1 aug., 3 à l'endroit, 1 à l'envers, 7 à l'endroit, 1 à l'envers, 7 à l'endroit, 1 à l'envers, 6 à l'endroit, 1 à l'envers, 2 à l'endroit.

3. *aig.* 1 nulle, 6 à l'endroit, 1 rétrécir, 2 aug., 2 à l'endroit, 2 aug., 1 rétrécir, 2 à l'endroit, 1 rétrécir, 2 aug., 2 à l'endroit, 2 aug., 1 rétrécir, 9 à l'endroit.

4. *aig.* 1 aug., 1 rétrécir, 8 à l'endroit, 1 à l'envers, 3 à l'endroit, 1 à l'envers, 4 à l'endroit, 1 à l'envers, 3 à l'endroit, 1 à l'envers, 8 à l'endroit.

5. *aig.* 1 nulle, 1 rétrécir, 2 aug.. 1 rétrécir, 1 à l'endroit, 1 rétrécir, 2 aug., 1 surjeter sur les autres, 2 à l'endroit, 1 surjeter sur les autres, 2 aug., 1 rétrécir, 1 rétrécir, 2 aug., 1 surjeter sur les autres, 2 à l'endroit, 1 surjeter sur les autres, 2 aug., 1 rétrécir, 1 à l'endroit, 2 aug., 1 rétrécir, 2 à l'endroit, 2 aug., 1 rétrécir, 1 à l'endroit.

6. *aig.* 1 aug., 2 à l'endroit, 1 à l'envers, 4 à l'endroit, 1 à l'envers, 3 à l'endroit, 1 à l'envers, 2 m. à l'endroit, 1 aug., 1 rétrécir, 1 à l'endroit, 1 à l'envers, 3 à l'endroit, 1 à l'envers, 2 à l'endroit, 1 aug., 1 rétrécir, 1 m. à l'endroit, 1 à l'envers, 4 à l'endroit, 1 à l'envers, 2 à l'endroit.

7. *aig.* 1 nulle, 6 à l'endroit, 1 surjeter sur les autres, 2 aug., 1 rétrécir, 1 rétrécir, 2 aug., 1 surjeter sur les autres, 2 à l'endroit, 1 surjeter sur les autres, 2 aug., 1 rétrécir, 1 rétrécir, 2 aug., 1 surjeter sur les autres, 11 à l'endroit.

8. *aig.* 1 aug., 1 rétrécir, 11 à l'endroit, 1 à l'envers, 2 à l'endroit, 1 à l'envers, 6 à l'endroit, 1 à l'envers, 3 à l'endroit, 1 à l'envers, 8 à l'endroit.

9. *aig.* 1 nulle, 1 rétrécir, 2 aug., 1 rétrécir, 3 à l'endroit, 1 surjeter sur les autres, 2 aug., 1 rétrécir, 2 aug., 1 surjeter, 4 à l'endroit, 1 surjeter, 2 aug., 1 rétrécir, 2 aug., 1 surjeter, 2 à l'endroit, 1 rétrécir, 2 aug., 1 rétrécir, 3 à l'endroit, 2 aug., 1 rétrécir, 1 à l'endroit.

10. *aig.* 1 aug., 1 rétrécir, 1 à l'endroit, 1 à l'envers, 5 à l'endroit, 1 à l'envers, 5 à l'endroit, 1 à l'envers, 2 à l'endroit, 1 à l'envers, 7 à l'endroit, 1 à l'envers, 2 à l'endroit, 1 à l'envers, 6 à l'endroit, 1 à l'envers, 2 à l'endroit.

11. *aig.* 1 nulle, 6 à l'endroit, 1 rétrécir, 1 surjeter, 2 aug., 1 à l'end., 2 aug., 1 surj. sur les autres, 1 rét., 1 à l'endroit, 1 aug., 1 rétrécir, 1 à l'endroit, 1 surjeter sur les autres, 2 aug., 1 à l'endroit, 2 aug., 1 surjeter sur les autres, 1 rétrécir, 6 à l'endroit, 1 aug., 1 rétrécir, 4 à l'endroit.

12. *aig.* 1 aug., 1 rétrécir, 13 à l'endroit, 1 à l'envers, 2 à l'endroit, 1 à l'envers, 8 à l'endroit, 1 à l'envers, 2 à l'endroit, 1 à l'envers, 9 à l'endroit.

13. *aig.* 1 nulle, 1 rétrécir, 2 aug., 1 rétrécir, 2 à l'endroit, 1 rétrécir, 2 fois aug., 1 surjeter sur les autres, 1 à l'endroit, 1 surjeter sur les autres, 2 aug., 1 rétrécir, 3 à l'endroit, 1 rétrécir, 2 aug., 1 surjeter sur les autres, 1 à l'endroit, 1 surjeter sur les autres, 2 aug., 1 rétrécir, 1 à l'endroit, 1 rétrécir, 2 aug., 1 rétrécir, 5 à l'endroit, 2 aug., 2 à l'endroit.

14. *aig.* 1 aug., 1 rétrécir, 1 à l'endroit, 1 à l'envers, 1 rétrécir, 5 à l'endroit, 1 à l'envers, 4 à l'endroit, 1 à l'envers, 4 à l'endroit, 1 à l'envers, 6 à l'endroit, 1 à l'envers, 4 à l'endroit, 1 à l'envers, 5 à l'endroit, 1 à l'envers, 2 à l'endroit.

15. *aig.* 1 nulle, 5 à l'endroit, 1 rétrécir, 2 aug., 1 surjeter sur les autres, 3 à l'endroit, 1 surjeter sur les autres, 2 aug., 1 rétrécir, 1 à l'endroit, 1 rétrécir, 2 fois aug., 1 surjeter sur les autres, 3 à l'endroit, 1 surjeter sur les autres, 2 aug., 1 rétrécir, 12 à l'endroit.

16. *aig.* 1 aug., 1 rétrécir, 1 rétrécir, 2 aug., 1 rétrécir, 8 à l'endroit, 1 à l'envers, 2 à l'endroit, 1 aug., 1

rétrécir, 2 à l'endroit, 1 à l'envers, 4 à l'endroit, 1 à l'envers, 2 à l'endroit, 1 aug., 1 rétrécir, 2 à l'endroit, 1 à l'envers, 7 à l'endroit.

17. *aig.* 1 nulle, 1 rétrécir, 2 aug., 1 rétrécir, 2 à l'endroit, 1 surjeter sur les autres, 2 aug., 1 rétrécir, 1 à l'endroit, 1 rétrécir, 2 aug., 1 surjeter sur les autres, 3 à l'endroit, 1 surjeter sur les autres, 2 fois aug., 1 rétrécir, 1 à l'endroit, 1 rétrécir, 2 aug., 1 surjeter sur les autres, 1 à l'endroit, 1 rétrécir, 2 aug., 1 rétrécir, 4 à l'endroit, 1 à l'envers, 3 à l'endroit.

18. *aig.* 1 aug., 1 rétrécir, 1 rétrécir, 1 à l'endroit, 1 rétrécir, 2 à l'endroit 1 à l'envers, 5 à l'endroit, 1 à l'envers, 6 à l'endroit, 1 à l'envers, 4 à l'endroit, 1 à l'envers, 5 à l'endroit, 1 à l'envers, 2 à l'endroit.

19. *aig.* 1 nulle, 7 à l'endroit, 1 surjeter sur les autres, 2 aug., 1 nulle, 1 rétrécir, surjeter la maille nulle sur 1 à rétrécir, 2 aug., 1 surjeter, 4 à l'endroit, 1 surjeter, 2 fois aug., 1 nulle, 1 rétrécir et surjeter la maille nulle sur la rétrécie, 2 fois aug., 1 surjeter, 6 à l'endroit, 1 rétrécir, 2 fois aug., 4 à l'endroit.

20. *aig.* 1 aug., 1 rétrécir, 1 rétrécir, 1 à l'endroit, 1 à l'envers, 1 rétrécir, 6 à l'endroit, 1 à l'envers, 2 à l'endroit, 1 à l'envers, 7 à l'endroit, 1 à l'envers, 2 à l'endroit, 1 à l'envers, 9 à l'endroit.

21. *aig.* 1 nulle, 1 rétrécir, 2 aug., 1 rétrécir, 2 à l'endroit, 1 rétrécir, 2 aug., 1 surjeter, 1 à l'endroit, 1 surjeter, 2 aug., 1 rétrécir, 1 à l'endroit, 1 aug., 1 rétrécir, 1 rétrécir, 2 aug., 1 rétrécir, 1 à l'endroit, 1 rétrécir, 2 aug., 1 rétrécir, 1 à l'endroit, 1 rétrécir, 2 aug., 1 rétrécir, 1 rétrécir, 3 à l'endroit.

22. *aig.* 1 aug., 1 rétrécir, 1 rétrécir, 1 à l'endroit, 1 à l'envers, 4 à l'endroit, 1 à l'envers, 4 à l'endroit, 1 à l'envers, 6 à l'endroit, 1 à l'envers, 4 à l'endroit, 1 à l'envers, 5 à l'endroit, 1 à l'envers, 2 à l'endroit.

23. *aig.* 1 nulle, 5 à l'endroit, 1 rétrécir, 2 aug., 1 surjeter, 3 à l'endroit, 1 surjeter, 2 aug., 1 rétrécir, 1 à l'endroit, 1 rétrécir, 2 aug., 1 surjeter, 3 à l'endroit, 1

surjeter, 2 aug., 1 rétrécir, 3 à l'endroit, 1 rétrécir, 2 à l'endroit.

24. *aig.* 1 aug., 1 rétrécir, 6 à l'endroit, 1 à l'envers, 6 à l'endroit, 1 à l'envers, 4 à l'endroit, 1 à l'envers, 6 à l'endroit, 1 à l'envers, 7 à l'endroit. Commencer par la 17ᵉ aiguille.

Autre modèle pour manchettes.—29 mailles (fig. 20).

1. *aig.* 1 nulle, 3 à l'endroit, 1 aug., 1 rétrécir, 1 à l'endroit, 1 aug., 1 à l'endroit, 1 rétrécir, 1 à l'envers, 1 rétrécir, 1 à l'endroit, 1 aug., 1 à l'envers, 1 aug., 1 à l'endroit, 1 rétrécir, 1 à l'envers rétrécir, 1 à l'endroit, 1 aug., 1 à l'endroit, 1 aug., 1 rétrécir, 2 aug., 2 à l'endroit.

2. *aig.* 1 nulle, 2 à l'endroit, 1 à l'envers, 2 à l'endroit, 1 aug., 1 rétrécir, 4 à l'envers, 1 à l'endroit, 3 à l'envers, 1 à l'endroit, 6 à l'envers, 1 aug., 1 rétrécir, 2 à l'endroit, 1 aug., 1 rétrécir, 2 à l'endroit.

3. *aig.* 1 nulle, 3 à l'endroit, 1, aug. 1 rétrécir, 1 à l'endroit, 1 aug., 1 à l'endroit, 1 rétrécir, 1 à l'envers, 1 rétrécir, 1 à l'endroit, 1 à l'envers, 1 à l'endroit, 1 rétrécir, 1 rétrécir, 1 à l'envers, 1 à l'endroit, 1 aug., 4 à l'endroit, 1 aug., 1 rétrécir., 4 à l'endroit.

4. *aig.* 1 nulle, 5 à l'endroit, 1 aug., 1 rétrécir, 4 à l'envers, 1 à l'endroit, 2 à l'envers, 1 à l'endroit, 2 à l'envers, 1 à l'endroit, 6 à l'envers, 1 aug., 1 rétrécir, 2 à l'endroit.

5. *aig.* 1 nulle, 3 à l'endroit. 1 aug., 1 rétrécir. 1 à l'endroit, 1 aug., 1 à l'endroit, 1 aug., 1 rétrécir, 1 à l'envers, 1 rétrécir, 1 à l'envers, 1 rétrécir, 1 à l'envers, 1 rétrécir, 1 aug., 1 à l'endroit, 1 aug., 3 à l'endroit, 1 aug,, 1 rétrécir, 2 aug., 1 rétrécir, 2 aug., 2 à l'endroit.

6. *aig.* 1 nulle, 2 à l'endroit, 1 à l'envers, 2 à l'endroit, 1 à l'envers, 2 à l'endroit, 1 aug., 1 rétrécir, 5 à l'envers, 1 à l'endroit, 7 à l'envers, 1 aug., 1 rétrécir, 2 à l'endroit.

7. *aig.* 1 nulle, 3 à l'endroit, 1 aug., 1 rétrécir, 1 à l'endroit, 1 aug., 3 à l'endroit, 1 aug., 3 rétrécir ensemble, 1 à l'envers, 3 rétrécir ensemble, 1 aug., 3 à l'endroit, 1 aug., 3 à l'endroit, 1 aug., 1 rétrécir, 7 à l'endroit.

8. *aig.* 5 surjeter, 3 à l'endroit, 1 aug., 1 rétrécir, 7 à l'envers, 1 à l'endroit, 9 à l'envers, 1 aug., 1 rétrécir, 2 à l'endroit.

9. *aig.* 1 nulle, 3 à l'endroit, 1 aug., 1 rétrécir, 1 à l'endroit, 5 à l'endroit, 1 aug., 3 rétrécir ensemble, 1 aug., 5 à l'endroit, 1 aug., 3 à l'endroit, 1 aug., 1 rétrécir, 2 à l'endroit.

10. *aig.* 1 nulle, 3 à l'endroit, 1 aug., 1 rétrécir, 19 à l'envers, 1 aug., 1 rétrécir, 2 à l'endroit.

Il faut que toutes les mailles rétrécies soient croisées.

Autre modèle.—(Voy. la fig. n° 22.)

Pour faire cette manchette, on prend du coton n°40 ; on commence par 96 mailles, et l'on tricote comme pour faire un bas, 2 à l'envers, 2 à l'endroit, et l'on fait ainsi 48 tours. Après on prend du coton n° 200 dévidé sur une bobine, et l'on fait un tour à l'endroit ; dans ce tour, il faut augmenter de 40 mailles.

1. *aig.* 1 rétrécir, 2 aug., 2 fois rétrécir, 2 aug., 2 fois rétrécir, 2 aug., 1 rétrécir, 1 aug., 1 à l'endroit, 1 rétrécir, 1 à l'envers, 1 rétrécir, 1 à l'endroit, 1 aug., 1 à l'envers, 1 aug., 1 à l'endroit, 1 rétrécir, 1 à l'envers, 1 rétrécir, 1 à l'endroit, 1 aug., 1 à l'endroit.

2. *aig.* 2 à l'endroit, 1 à l'envers, 3 à l'endroit, 1 à l'envers, 3 à l'endroit, 1 à l'envers, 1 à l'endroit.

2 *aig.* 4 à l'endroit, 1 à l'envers, 3 à l'endroit, 1 à l'envers, 3 à l'endroit, 1 à l'envers, 4 à l'endroit.

3. *aig.* 2 à l'endroit, 1 rétrécir, 2 aug., 2 fois rétrécir, 2 aug., 1 rétrécir, 2 à l'endroit.

3. *aig.* 1 à l'endroit, 1 aug., 1 à l'endroit, 1 rétrécir,

1 à l'envers, 1 rétrécir, 1 à l'endroit, 1 à l'envers, 1 à l'endroit, 1 rétrécir, 1 à l'envers, 1 rétrécir, 1 à l'endroit, 1 aug., 1 à l'endroit.

4. *aig.* 4 à l'endroit, 1 à l'envers, 3 à l'endroit, 1 à l'envers, 3 à l'endroit.

4. *aig.* 2 à l'endroit, 1 à l'envers, 2 à l'endroit, 1 à l'envers, 2 à l'endroit, 1 à l'envers, 4 à l'endroit.

5. *aig.* 1 tour comme la 1re aiguille.

5. *aig.* 1 à l'endroit, 1 aug., 1 à l'endroit, 1 aug., 1 rétrécir, 1 à l'envers, 1 rétrécir, 1 à l'envers, 1 rétrécir, 1 à l'envers, 1 rétrécir, 1 aug., 1 à l'endroit, 1 aug., 1 à l'endroit.

6. *aig.* 1 tour comme la 2e aiguille.

6. *aig.* 5 à l'endroit, 1 à l'envers, 1 à l'endroit, 1 à l'envers, 1 à l'endroit, 1 à l'envers, 5 à l'endroit.

7 *aig.* 1 tour comme la 3e aiguille.

7. *aig.* 1 à l'endroit, 1 aug., 3 à l'endroit 1 aug., 3 ensemble rétrécir, 1 à l'envers, 3 ensemble rétrécir, 1 aug., 3 à l'endroit, 1 aug., 1 à l'endroit.

8. *aig.* 1 tour comme la 4e aiguille.

8. *aig.* 7 à l'endroit, 1 à l'envers, 7 à l'endroit.

9. *aig.* 1 tour comme à la 1re aiguille.

9. *aig.* 1 à l'endroit, 1 aug., 5 à l'endroit, 1 aug., 3 ensemble rétrécir, 1 aug., 5 à l'endroit, 1 aug., 1 à l'endroit.

10. *aig.* 1 tour comme la 2e aiguille.

10. *aig.* 17 à l'endroit.

La bande avec les trous commence au n° 3, à la 1re aiguille ; les feuilles de rose commencent au n° 1 et la 2e aiguille de nouveau.

Autre modèle.—(Voy. la fig. n° 23.)

1. *aig.* 1 aug., 1 à l'endroit, 1 aug., 3 à l'endroit, 3 rétrécir, 3 à l'endroit.

2. *aig.* toutes à l'endroit.

3. *aig.* 1 aug., 3 à l'endroit, 1 aug., 2 à l'endroit, 3 rétrécir, 2 à l'endroit.

4. *aig.* toutes à l'endroit.

5. *aig.* 1 aug., 1 rétrécir, 1 aug., 1 à l'endroit, 1 aug., 1 rétrécir, 1 aug., 1 à l'endroit, 3 rétrécir, 1 à l'en-droit.

6. *aig.* toutes à l'endroit.

7. *aig.* 1 aug., 1 rétrécir, 1 aug., 3 à l'endroit, 1 aug., 1 rétrécir 1 aug., 3 rétrécir.

8. *aig.* toutes à l'endroit.

9. *aig.* 1 rétrécir, 1 aug., 5 à l'endroit, 1 aug., 1 ré-trécir, 1 à l'endroit.

10. *aig.* toutes à l'endroit.

11. *aig.* de la seconde aiguille prendre une maille et tricoter avec la 1ʳᵉ, 1 aug., 7 à l'endroit, 1 aug., 3 rétrécir.

12. *aig.* toutes à l'endroit.

Mais il faut que les mailles rétrécies soient surjetées sur les augmentées; la dentelle se tricote séparément et à volonté.

Autre modèle.—(Voy. la fig. nº 24.)

1. *aig.* 1 aug., 1 à l'endroit, 1 aug., 5 à l'endroit, 3 rétrécir, 5 à l'endroit.

2. *aig.* toutes à l'endroit.

3. *aig.* 1 aug., 3 à l'endroit, 1 aug., 4 à l'endroit, 3 rétrécir, 4 à l'endroit.

4. *aig.* toutes à l'endroit.

5. *aig.* 1 aug., 1 à l'endroit, 1 rétrécir, 1 aug., 2 à l'endroit, 1 aug., 3 à l'endroit, 3 rétrécir, 3 à l'endroit.

6. *aig.* toutes à l'endroit.

7. *aig.* 1 aug., 1 à l'endroit, 1 aug., 1 rétrécir, 1 à l'endroit, 1 rétrécir, 1 aug., 1 à l'endroit, 1 aug., 2 à l'endroit, 3 rétrécir, 2 à l'endroit.

8. *aig.* toutes à l'endroit.

9. *aig.* 1 aug., 3 à l'endroit, 1 aug., 3 rétrécir, 1 aug., 3 à l'endroit, 1 aug., 1 à l'endroit, 3 rétrécir, 1 à l'en-droit.

10. *aig.* toutes à l'endroit.

On commence par la 1re aiguille; mais il faut prendre de la 1re aiguille 5 mailles et les tricoter avec la seconde aiguille. Le rétrécissage est croisé.

Autre modèle.—(Voy. la fig. no 25.)

Cette manchette sera commencée comme celle fig. 22.

1. *aig.* 1 aug., 1 rétrécir, 1 aug., 1 rétrécir, 1 aug., 1 à l'endroit, 1 aug., 2 à l'endroit, 1 nulle, 1 à l'endroit, surjeter la maille nulle sur la maille à l'endroit, 3 à l'endroit, 1 rétrécir, 2 à l'endroit.

2. *aig.* faire un tour à l'endroit.

3. *aig.* 1 aug., 1 rétr., 1 aug., 1 rétr., 1 aug., 3 à l'endroit, 1 aug., 2 à l'endroit, 1 nulle, 1 à l'endroit, surjeter la maille nulle sur la maille à l'endroit, 1 à l'endroit, 1 rétrécir, 2 à l'endroit.

4. *aig.* faire comme la 2e aiguille.

5. *aig.* 1 aug., 1 rétrécir, 1 aug., 1 rétrécir, 1 aug., 5 à l'endroit, 1 aug., 2 à l'endroit, 1 nulle, 1 rétrécir, surjeter la rétrécie, 2 à l'endroit.

6. *aig.* faire un tour à l'endroit.

7. *aig.* prendre une maille de la 1re aiguille et tricoter avec la seconde, 1 nulle, 1 à l'endroit, et surjeter la maille nulle sur la maille à l'endroit, 1 aug., 1 croiser, 1 rétrécir, 1 aug., 2 à l'endroit, 1 croiser, 1 rétrécir, 3 à l'endroit, 1 rétrécir, 2 à l'endroit, 1 aug., 1 à l'endroit, 1 aug.

8. *aig.* toutes à l'endroit.

9. *aig.* 1 nulle, 1 à l'endroit, surjeter la maille nulle sur la maille à l'endroit, 1 aug., 1 croiser, 1 rétrécir, 1 aug., 2 à l'endroit, 1 croiser, 1 rétrécir, 1 à l'endroit, 1 rétrécir, 2 à l'endroit, 1 aug., 3 à l'endroit, 1 aug.

10. *aig.* toutes à l'endroit.

11. *aig.* 1 nulle, 1 à l'endroit, surjeter la maille nulle sur la maille à l'endroit, 1 aug., 1 croiser, 1 rétrécir, 1

aug., 2 à l'endroit, 1 nulle, 1 rétrécir, surjeter la maille nulle sur la maille rétrécie, 2 à l'endroit, 1 aug., 5 à l'endroit, 1 aug.

12. *aig.* toutes à l'endroit.

13. *aig.* Commencer par la 1re aiguille, avec la différence qu'il faut prendre une maille de la dernière aiguille sur la première.

TRICOT.—BORDURE DE FEUILLES ET GRAPPES.

Coton à tricoter, no 100; aiguilles, no 19.

Ramassez 14 mailles.

Premier rang.—Tricotez 3, faites 1 (tricotez 2 ensemble 2 fois), faites 1, tricotez 1, faites 1, tricotez 3 ensemble, faites 1, tricotez 1, faites 2, tricotez 2, tricotez 2 ensemble, tricotez 1.

Deuxième rang. — Tricotez 3, perlez 1, tricotez 3, perlez 3, tricotez 3, faites 1, tricotez 2 ensemble, tricotez 1.

Troisième rang. — Tricotez 3, faites 1, tricotez 2 ensemble, tric. 1, faites 1, tricotez 3, faites 1, tric. 2 ensemble, faites 1, tricotez 5.

Quatrième rang.—Faites tomber 2, tricotez 4, perlez 5, tricotez 3, faites 1, tricotez 2 ensemble, tricotez 1.

Cinquième rang. — Tricotez 3, faites 1, tric. 2 ensemble, tric. 1, faites 1, tric. 5, faites 1, tric. 2 ensemble, faites 1, tricotez 1, faites 2, tricotez 2.

Sixième rang.—Tricotez 3, perlez 1, tricotez 3, perlez 7, tricotez 3, faites 1, tricotez 2 ensemble, tricotez 1.

Septième rang.—Tricotez 3, faites 1, tricotez 2 ensemble, tricotez 1, faites 1, tricotez 3, perlez 1, tricotez 3, faites 1, tricotez 2 ensemble, faites 1, tricotez 5.

Huitième rang.—Laissez tomber 2, tricotez 4, perlez 4, tricotez 1, relevez 1, tricotez 3, faites 4, tricotez 2 ensemble, tricotez 1.

Neuvième rang.—Tricotez 3, faites 1, tricotez 2 ensemble, tricotez 1, faites 1, tricotez 4, perlez 1, tricotez 4, faites 1, tricotez 2 ensemble, faites 1, tricotez 1, faites 2, tricotez 2.

Dixième rang.—Tricotez 3, perlez 1, tricotez 3, perlez 5, tricotez 1, perlez 5, tricotez 3, faites 1, tricotez 2 ensemble, tricotez 1.

Onzième rang.—Tricotez 3, faites 1, tric. 2 ensemble, tric. 1, faites 1, tric. 5, perlez 1, tric. 5, faites 1, tric. 2 ensemble, faites 1, tric. 5.

Douzième rang.—Laissez tomber 2, tricotez 4, perlez 6, tricot. 1, perlez 6, tricotez 3, faites 1, tricotez 2 ensemble, tricotez 1.

Treizième rang.—Tricotez 3, faites 1, tricotez 2 ensemble, tric. 1, faites 1, tricotez 4, tricotez 2 ensemble, perlez 1, tricotez 1 ensemble, tricotez 4, faites 1, tricotez 2 ensemble, faites 1, tricotez 1, faites 1, tricotez 2.

Quatorzième rang.—Tricotez 3, perlez 1, tricotez 3, perlez 6, tricotez 1, perlez 6, tricotez 3, faites 1, tricotez 2 ensemble, tric. 1.

Quinzième rang. — Tricotez 3, faites 1, tricotez 2 ensemble, tricotez 1, faites 1, tricotez 4, tricotez 2 ensemble, perlez 1, tricotez 2 ensemble, tricotez 4, faites 1, tricotez 2 ensemble, faites 1, tric. 5.

Seizième rang.—Semblable au 12e rang.

Dix-septième rang.—Semblable au 13e rang.

Dix-huitième rang.—Semblable au 14e rang.

Dix-neuvième rang.—Semblable au 15e rang.

Vingtième rang.—Semblable au 12e rang.

Vingt-et-unième rang.—Semblable au 13e rang.

Vingt-deuxième rang.—Semblable au 14e rang.

Vingt-troisième rang.—Tricotez 3, faites 1, tricotez 2 ensemble, tricotez 1, faites 1, tricotez 2 ensemble, tricotez 2, tricotez 2 ensemble, perlez 1, tricotez 2 ensemble, tricotez 2, tricotez 2 ensemble, faites 1, tricotez 2 ensemble, faites 1, tricotez 5.

Vingt-quatrième rang.—Laissez tomber 2, tricotez

4, perlez 5, tricotez 1, perlez 5, tricotez 3, faites 1, tricotez 2 ensemble, tric. 1.

Vingt-cinquième rang.—Tricotez 3, faites 1 (tricotez 2 ensemble 2 fois), faites 1, tricotez 4, perlez 1, tricotez 2 ensemble, tricotez 3, faites 1, tricotez 2 ensemble, faites 1, tricotez 1, faites 2, tricotez 2.

Vingt-sixième rang.—Tricotez 3, perlez 1, tricotez 5, perlez 5, tricotez 1, perlez 5, tricotez 3, faites 1, tricotez 2 ensemble, tric. 1.

Vingt-septième rang.—Tricotez 3, faites 1, tricotez 2 ensemble 2 fois, faites 1, tricotez 2, tricotez 2 ensemble, perlez 1, tricotez 2 ensemble, tricotez 3, faites 1, tricotez 2 ensemble, faites 1, tricotez 5.

Vingt-huitième rang.—Laissez tomber 2, tricotez 4, perlez 5, tricotez 1, perlez 4, tricotez 3, faites 1 tricot. 2 ensemble, tricot. 1.

Vingt-neuvième rang.—Tricotez 3, faites 1 (tricotez 2 ensemble 2 fois), faites 1, tricotez 2 ensemble, perlez 1, tricotez 2 ensemble, tricotez 3 ensemble, faites 1, tricotez 2 ensemble, faites 1, tricotez 1, faites 2, tricotez 2.

Trentième rang.—Tricotez 3, perlez 1, tricotez 3, perlez 3, tricotez 1, perlez 3, tricotez 3, faites 1, tricotez 2 ensemble, tricotez 1.

Trente-et-unième rang.—Tricotez 3, faites 1 (tricotez 2 ensemble 2 fois), faites 1, tricotez 2 ensemble, perlez 1, tricotez 3 ensemble, faites 1, tricotez 5, 2 ensemble, faites 1, tricotez 5.

Trente-deuxième rang.—Laissez-en tomber 2, tricotez 4, perl. 2, tricotez 1, perlez 2, tricotez 3, faites 1, tricotez 2 ensemble, tricotez 1.

Trente-troisième rang.—Tricotez 3, faites 1 (tricotez 2 ensemble 2 fois), faites 1 (tricotez 2 ensemble 2 fois), faites 1, tricotez 2 ensemble, faites 1, tricotez 1, faites 2, tricotez 2.

Trente-quatrième rang.—Tricotez 3, perlez 1, tricotez 3, perlez 3 ensemble, tricotez 4, faites 1, tricotez 2 ensemble, tricotez 1.

Trente-cinquième rang.—Tricotez 3, faites 1 (tricotez 2 ensemble 2 fois), faites 1, tricotez 1, faites 1, tricotez 2 ensemble, faites 1, tricotez 5.

Trente-sixième rang.—Laissez tomber 2, tricotez 4, perlez 3, tricotez 3, faites 1, tricotez 2 ensemble, tricotez 1.

Trente-septième rang.—Tricotez 3, faites 1 (tricotez 2 ensemble 2 fois), faites 1, faites 3. Faire 3, est obtenu en tricotant 1, perlant 1, tricotant 1, tous dans la même maille avant de faire tomber. Faites 1, tricotez 3 ensemble, faites 2, tricotez 1, faites 2, tricotez 2.

Trente-huitième rang.—Tricotez 3, perlez 1, tricotez 11, faites 1, tricotez 2 ensemble, tricotez 1.

Trente-neuvième rang.—Tricotez 3, faites 1, tricotez 2 ensemble tricotez 1, faites 1, perlez 5, faites 1, tricotez 2 ensemble, faites 1, tricotez 5.

Quarantième rang.—Laissez tomber 2, tricotez 14, faites 1, tricotez 2 ensemble, tricotez 1.

Quarante-et-unième rang.—Tricotez 3, faites 1, tricotez 2 ensemble, tricotez 1, faites 1, faites 3*, faites 1, perlez 3 ensemble, perlez 2 ensemble, faites 1, faites 3*, faites 1, tricotez 2 ensemble, faites 1, tricotez 1, faites 2, tricotez 2.

Quarante-deuxième rang.—Tricotez 3, perlez 1, tricotez 18, faites 1, tricotez 2 ensemble, tricotez 1.

Quarante-troisième rang.—Tricotez 3, faites 1, (tricotez 2 ensemble), tricotez 1, faites 1, perlez 5, faites 1, perlez 2 ensemble, faites 1, perlez 5, faites 1, tricotez 2 ensemble, faites 1, tricotez 5.

Quarante-quatrième rang.—Laissez tomber 2, tricotez 23, faites 1, tricotez 2 ensemble, tricotez 1.

Quarante-cinquième rang.—Tricotez 3, faites 1, tricotez 2 ensemble, tricotez 1, faites 1, faites 3*, faites 1 (perlez 3 ensemble 2 fois) faites 1, perlez 1, faites 1 (perlez 3 ensemble 2 fois), faites 1, faites 3*, faites 1, tricotez 2 ensemble, faites 1, tricotez 1, faites 2, tricotez 2.

Quarante-sixième rang. — Tricotez 3, perlez 1, tricotez 8, faites 1, tricotez 2 ensemble, faites 1, tricotez 3 ensemble, faites 1, tricotez 2 ensemble, tricotez 8, faites 1, perlez 2 ensemble, tricotez 1.

Quarante-septième rang. — Tricotez 3, faites 1, tricotez 2 ensemble, tricotez 1, faites 1, perlez 5, faites 1, perlez 2 ensemble, faites 1, perlez 1, faites 1, perlez 2 ensemble, faites 1, perlez 5, faites 1, tricotez 2 ensemble, faites 1, tricotez 5.

Quarante-huitième rang. — Laissez tomber 2, tricotez 27, faites 1, tricotez 2 ensemble, tricotez 1.

Quarante-neuvième rang. — Tricotez 3, faites 1, tricotez 2 ensemble, tricotez 1, faites 1, perlez 3 ensemble, perlez 1, perlez 3 ensemble, faites 1, perlez 2 ensemble, perlez 1, perlez 2 ensemble, faites 1, perlez 3 ensemble, perlez 1, perlez 3 ensemble, faites 1, tricotez 2 ensemble, faites 1, tricotez 1, faites 2, tricotez 2.

Cinquantième rang. — Tricotez 3, perlez 1, tricotez 4, tricotez 3 ensemble, tricotez 1, tricotez 3 ensemble, tricotez 1, tricotez 3 ensemble, tricotez 4, faites 2, tricotez 2 ensemble, tricotez 1.

Cinquante et unième rang. — Tricotez 3, faites 1, tricotez 2 ensemble, tricotez 1, faites 1, perlez 2 ensemble, faites 1, perlez 1, faites 1, perlez 2 ensemble, faites 1, tricotez 3 ensemble, faites 1, tricotez 5.

Cinquante-deuxième rang. — Laissez tomber 2, tricotez 5, tricotez 2 ensemble, faites 1, tricotez 1, faites 1, tricotez 2 ensemble, tricotez 4, faites 1, tricotez 2 ensemble, tricotez 1.

Cinquante-troisième rang. — Tricotez 3, faites 1 (tricotez 2 ensemble 2 fois), faites 1, perlez 2 ensemble, faites 1, perlez 1, faites 1, perlez 2 ensemble, faites 1, tricotez 2 ensemble, faites 1, tricotez 1, faites 2, tricotez 2.

Cinquante-quatrième rang. — Tricotez 3, faites 1, perlez 1, tricotez 4, tricotez 2 ensemble, tricotez 1, tricotez 2 ensemble, tricotez 4, faites 1, tricotez 2 ensemble, tricotez 1.

Cinquante-cinquième rang. — Tricotez 3, faites 1

(tricotez 2 ensemble 2 fois), faites 1, perlez 3 ensemble, faites 1, perlez 3 ensemble, faites 1, tricotez 5.

Cinquante-sixième rang. — Laissez tomber 2, tricotez 10, faites 1, tricotez 2 ensemble, tricotez 1.

Recommencez comme au premier rang.

CHATELAINE ALLEMANDE EN TRICOT.

Grosse soie noire et six masses de perles noires, quatre aiguilles, n° 10.

Enfilez les perles, jetez trois mailles sur trois aiguilles, et en tricotant chaque maille passez une perle, tricotez ainsi la longueur d'un demi-mètre, puis joignez les deux bouts. Il faut que les perles soient assez grosses pour bien cacher la soie. Ce genre de châtelaine peut aussi être fait en crochet, en faisant d'abord neuf points de chaîne, les joindre, et continuer en crochet double avec une perle à chaque point.

BALLE EN LAINE AVEC LAQUELLE ON PEUT JOUER SANS DANGER DANS LES APPARTEMENTS.

Modèle d'une rondelle de carton pour exécuter la balle de laine. On découpe deux ronds de carton sur la grandeur indiquée au numéro, on les place l'un sur l'autre. Prenez alors de la laine anglaise une aiguillée de deux mètres de long doublée à six fils, passez cette laine du dehors au dedans, enveloppant ainsi et successivement tout le tour du carton. Ayez soin de disposer les couleurs de la laine en les opposant d'une manière symétrique ; on varie les couleurs, en adoptant cependant pour le fond une couleur qui domine les autres ; c'est sur ce fond que l'on obtient à l'aide de couleurs plus vives des espèces de dessins sur les parties opposées de la circonférenee de la balle.

Lorsque l'espace vide du centre de la rondelle est presque rempli, la laine s'enfile dans une aiguille à passer, dont on se sert alors pour achever de compléter le vide, et lorsqu'il est entièrement fermé et serré également, on arrête la dernière aiguillée en la faisant glisser entre les laines jusqu'au milieu des deux rondelles de carton. Dès-lors, avec des ciseaux bien affilés on coupe la laine au sommet sur le milieu de la circonférence externe jusqu'à ce qu'on ait atteint le bord externe des deux rondelles, au milieu desquelles on passe une ficelle solide que l'on noue en la serrant très-fortement à la manière dont les enfants forment ces balles de primevères aux premiers jours du printemps. On déchire les cartons, on les retire, et la balle est faite, mais elle n'a pas encore de forme régulière; on doit l'arrondir en coupant graduellement la laine sur toute la circonférence à l'aide de ciseaux à lame plate et bien tranchants, afin de lui donner une forme tout à fait sphérique et unie, en ne laissant au poil de la laine qu'une longueur convenable; ces balles sont faites à la manière des pompons, qui ornent les shakos des soldats.

Une balle de la dimension indiquée emploie 125 grammes de laine.

FIN DE L'ART DU TRICOT.

TABLE.

FIN DE LA TABLE.

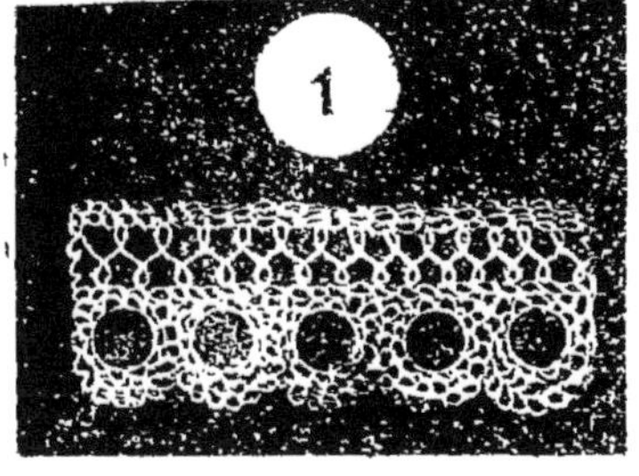

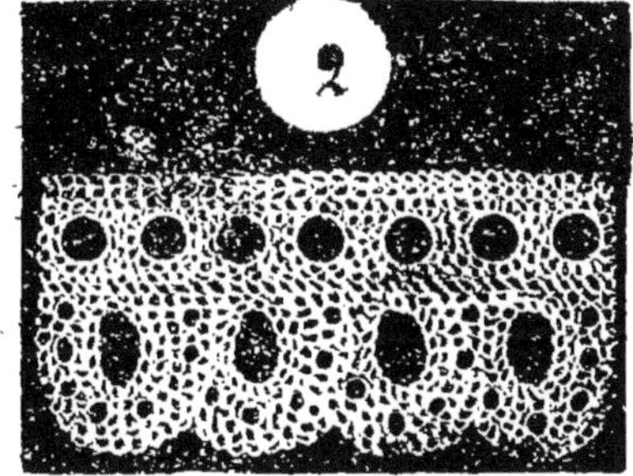

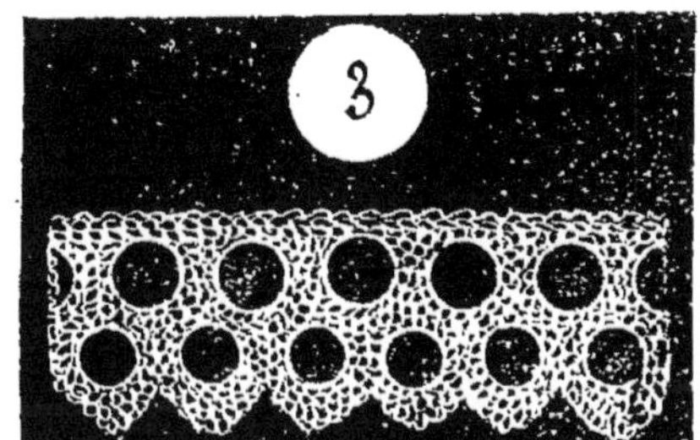

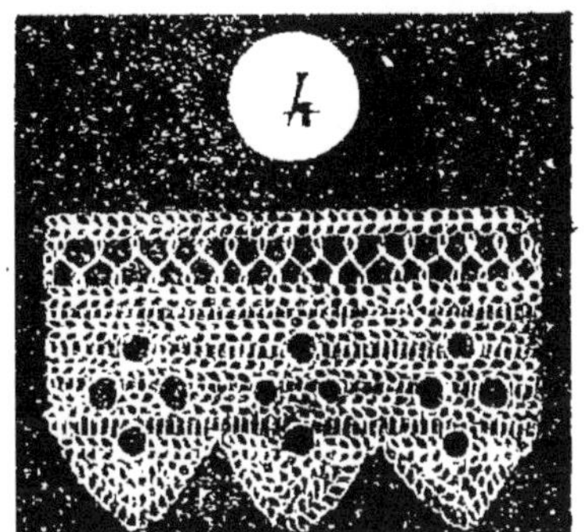

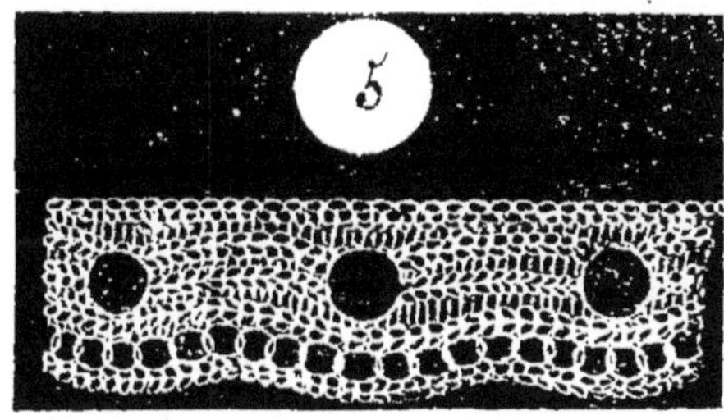

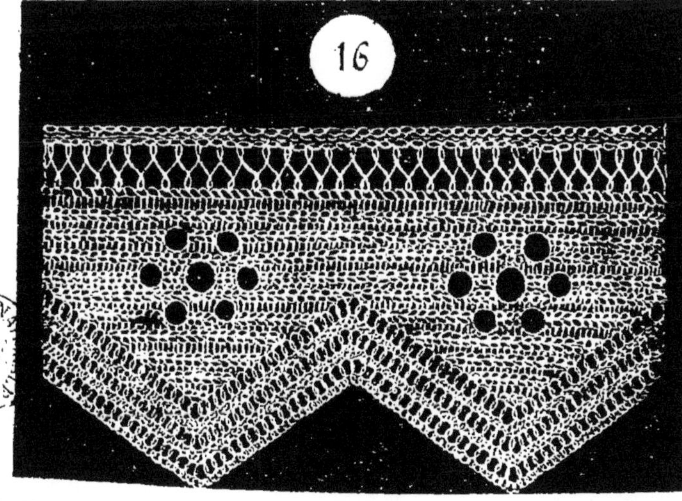

17

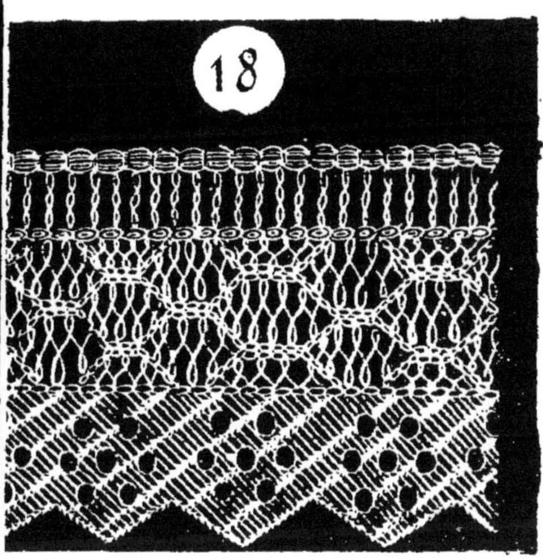

18

19

20

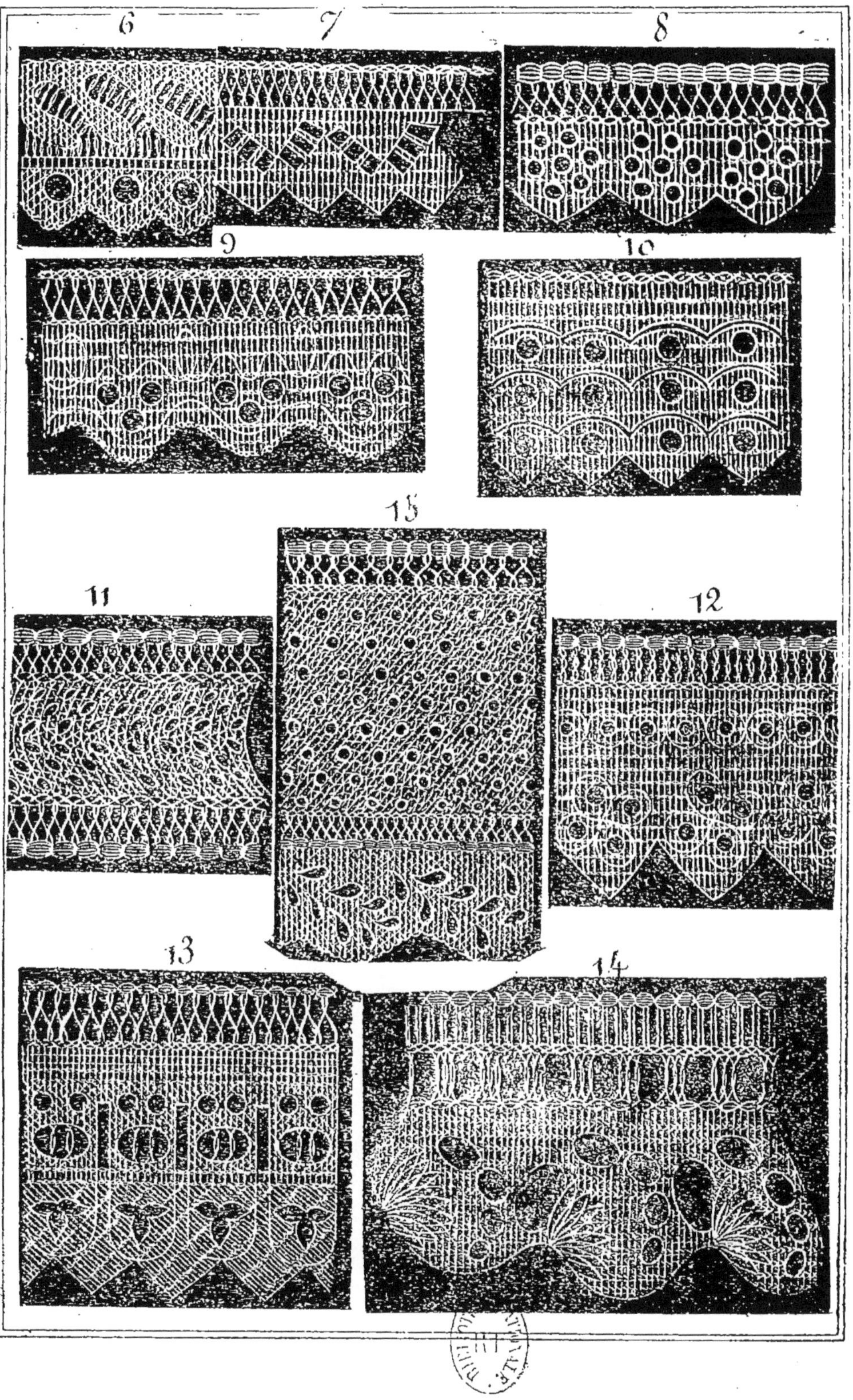

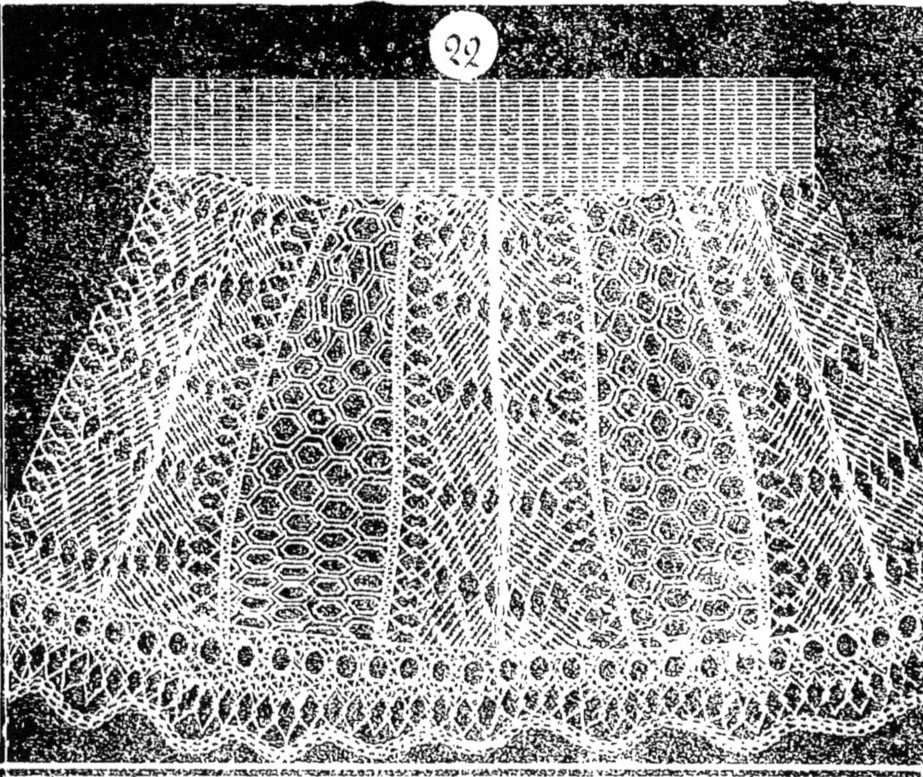

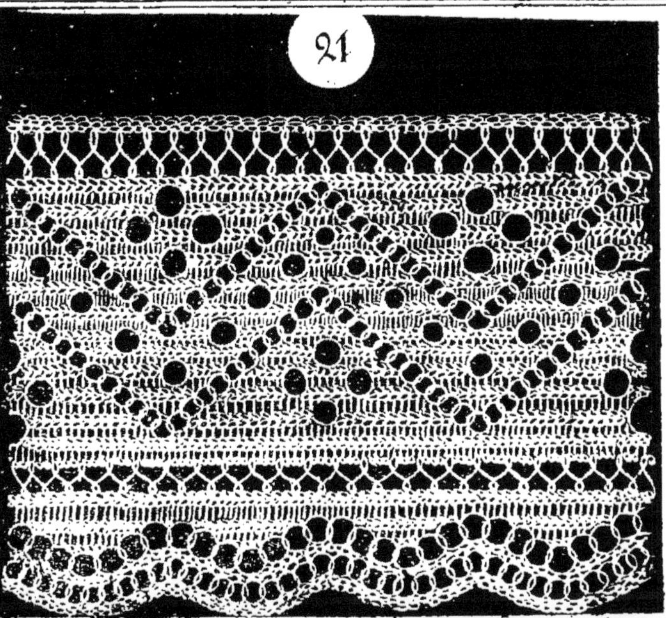

21 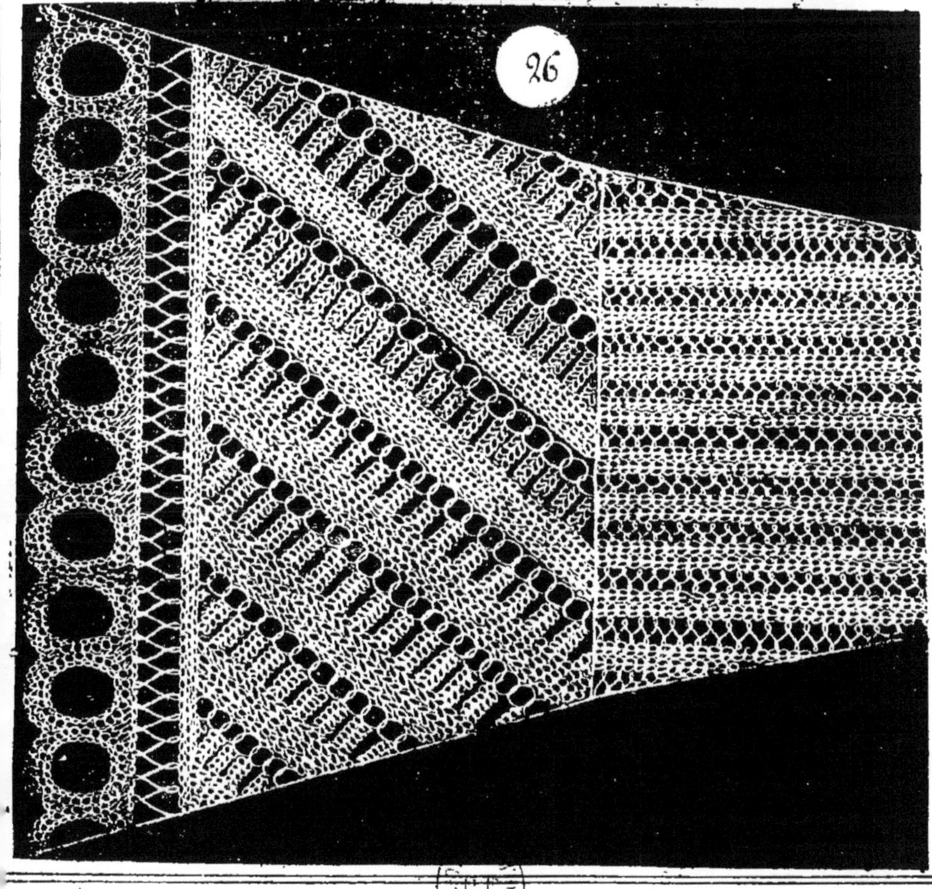
4
26

24
25

Nº 8. Tricot à raies horizontales.

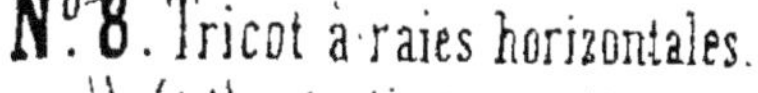

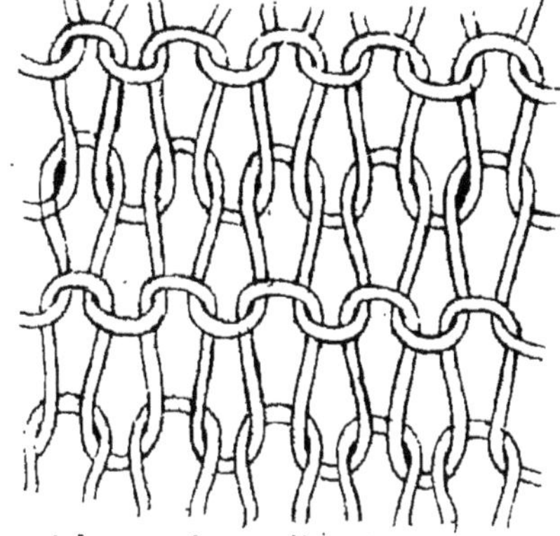

à 1 rang de mailles droites
et 1 rang de mailles à l'envers.

Nº 9. Tricot à côtes verticales.

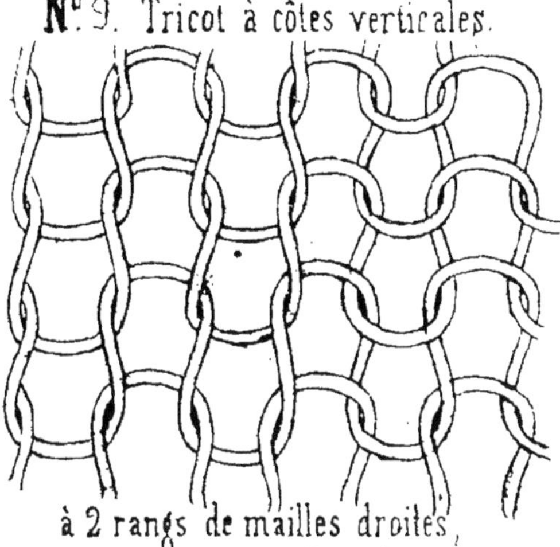

à 2 rangs de mailles droites,
et à 2 rangs de mailles à l'envers.

Nº 10. Tricot guilloché.

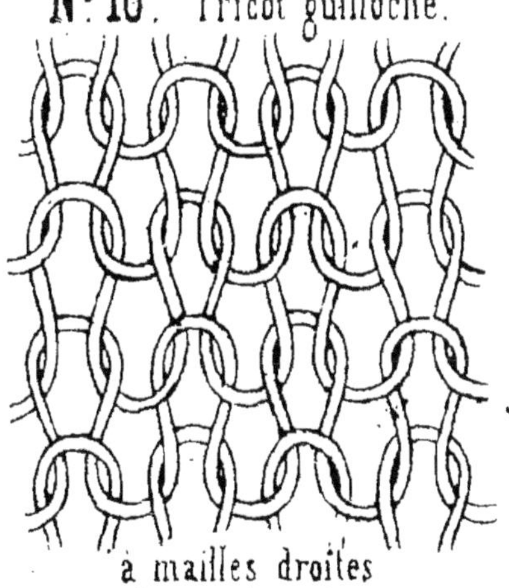

à mailles droites
et à l'envers en echiquier.

Nᵒˢ 6 à 10 _ Tricot ordinaire.

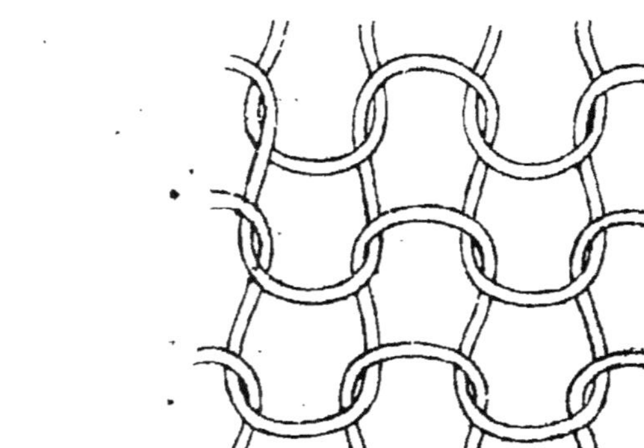

Nᵒ 6. à mailles droites.

Nᵒ 7. à mailles à l'envers ou retournées.

Nº 4. à nattes à 4 branches.

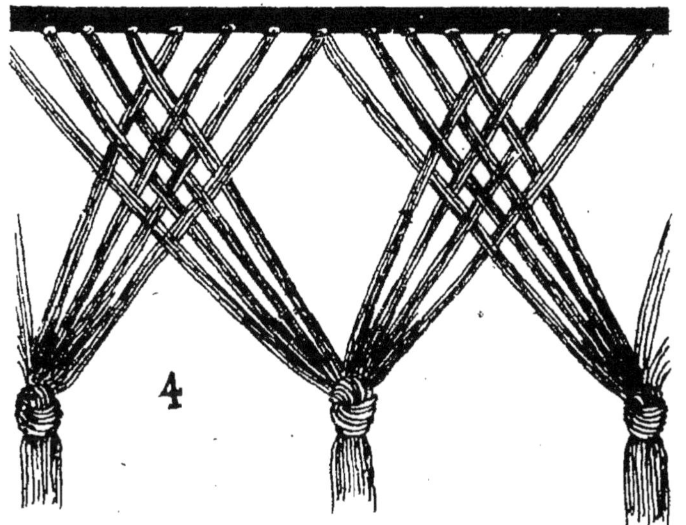

Nº 5. à 3 nœuds assemblés et 1 nœud partagé — croisé.

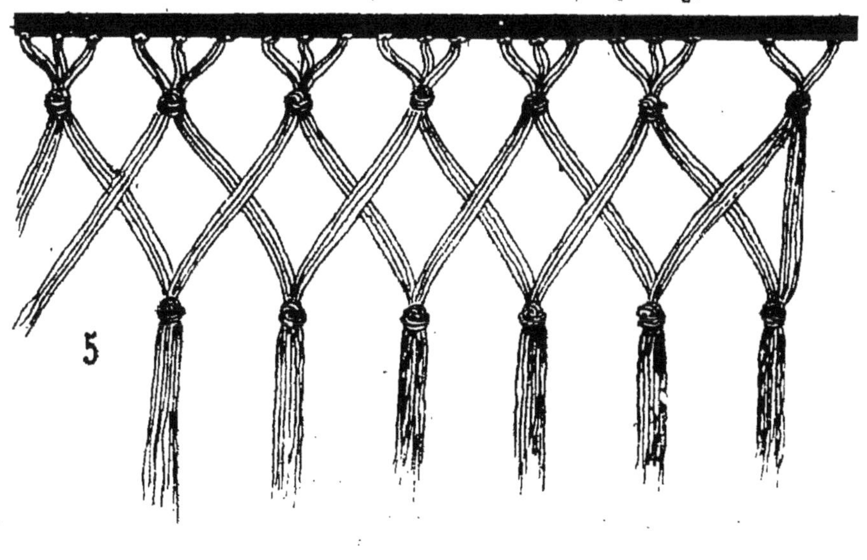

Nº 1. à un nœud partagé _ croisé.

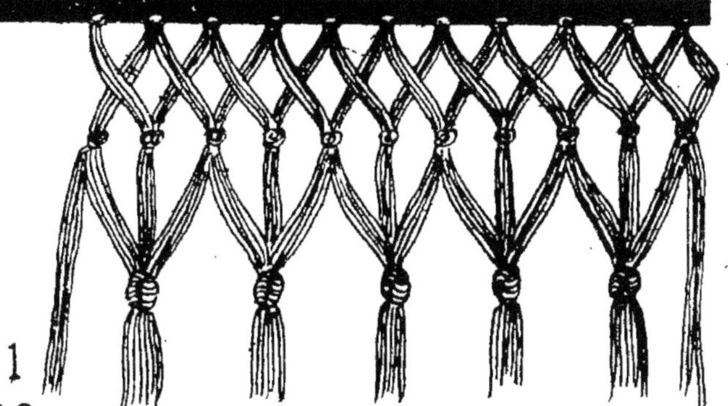

Nº 2. à 3 nœuds assemblés et 2 nœuds partagés_croisés.

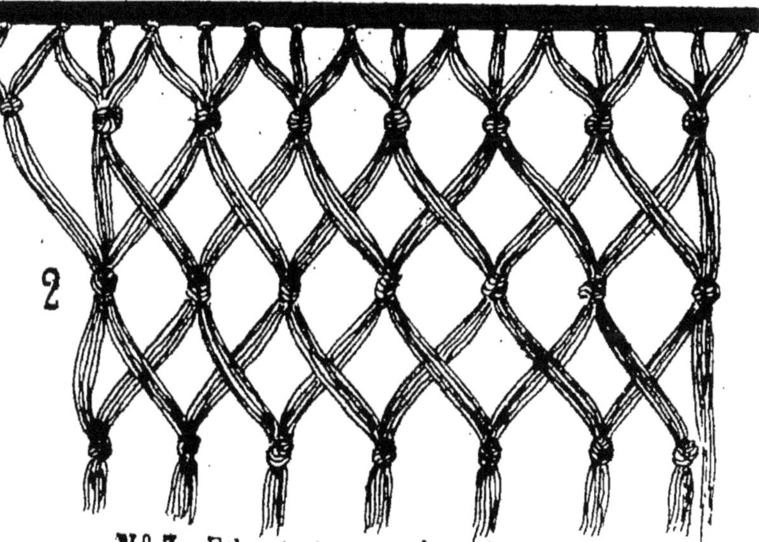

Nº 3. Filet à 4 rangs de grilles.

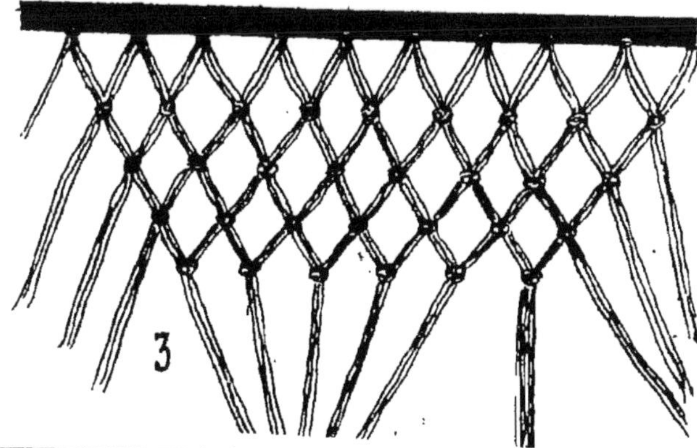

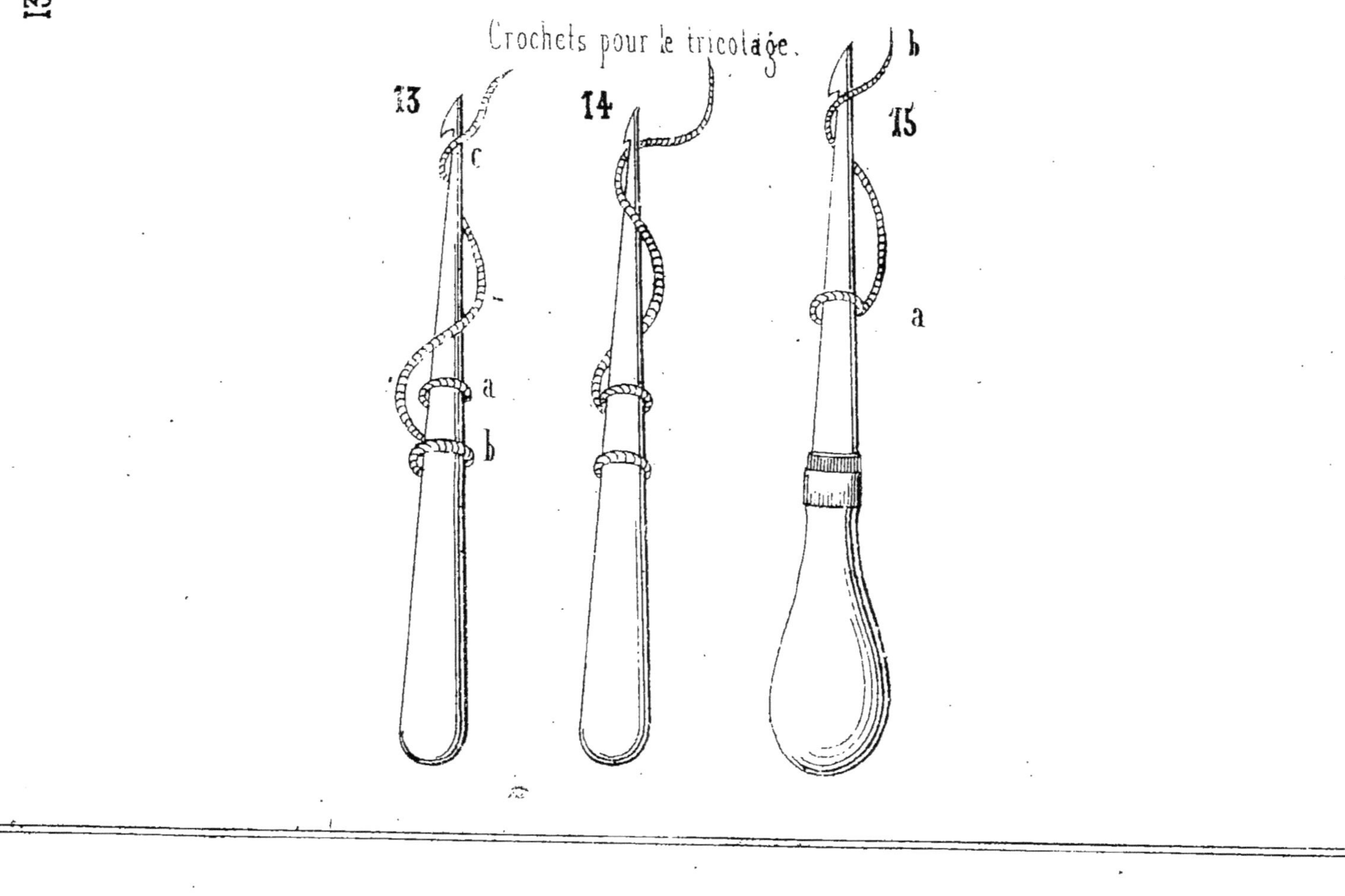

Crochets pour le tricotage.

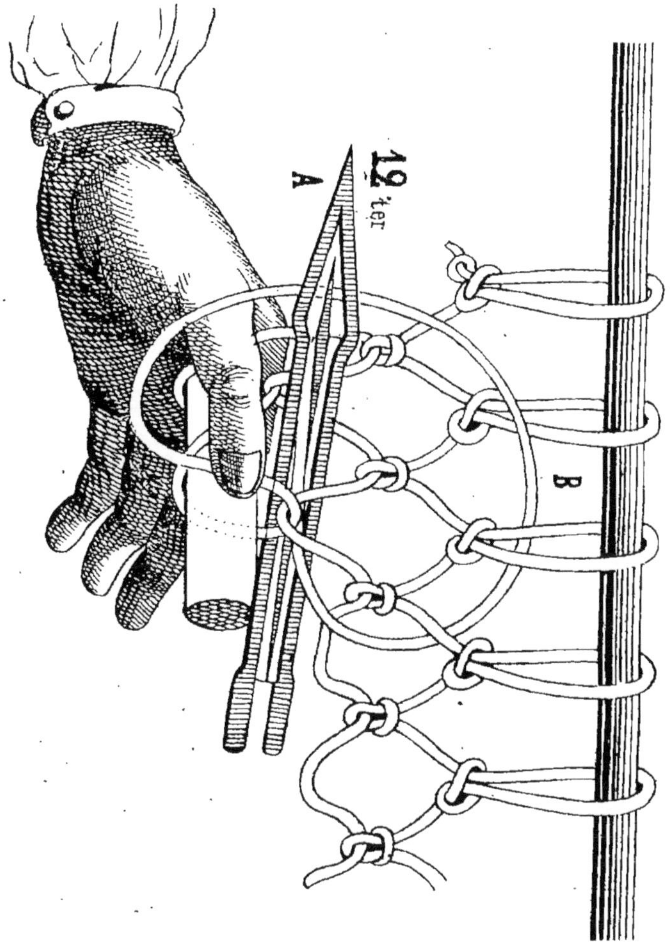

A
12 ter
B

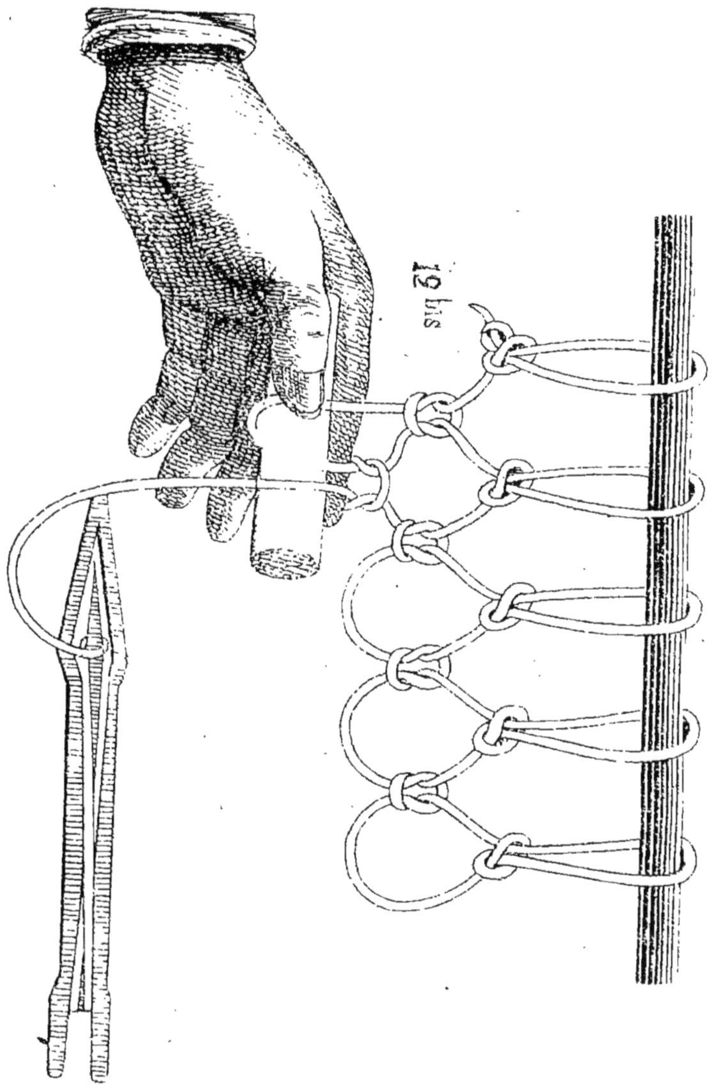

12. bis

13 bis

18

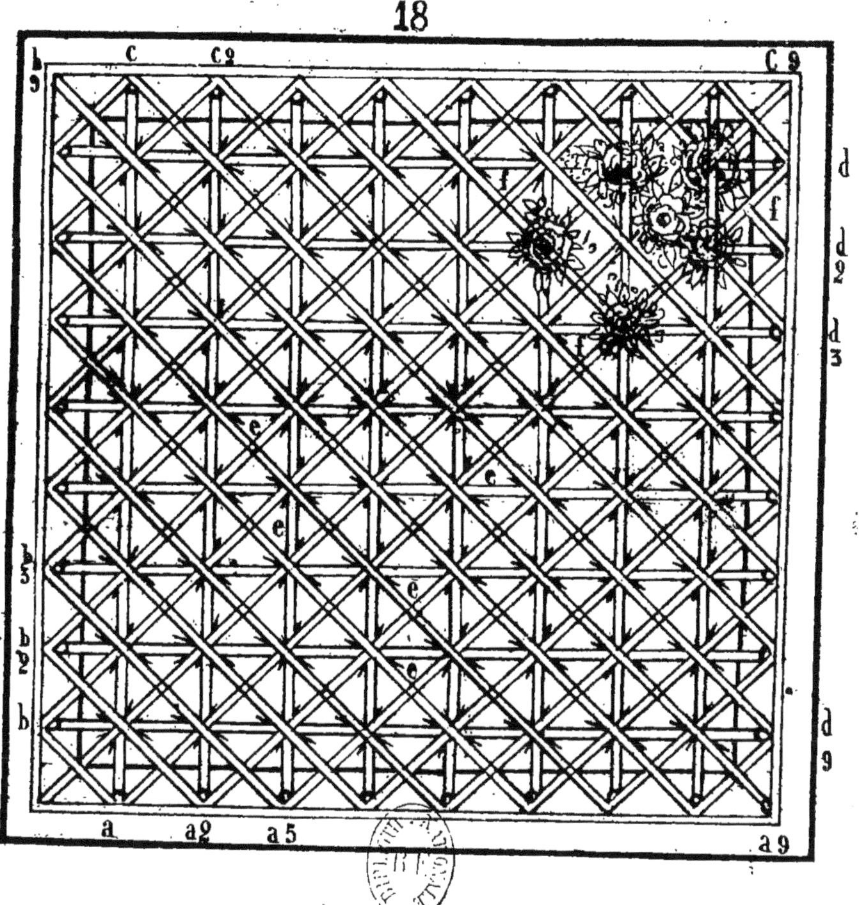

17

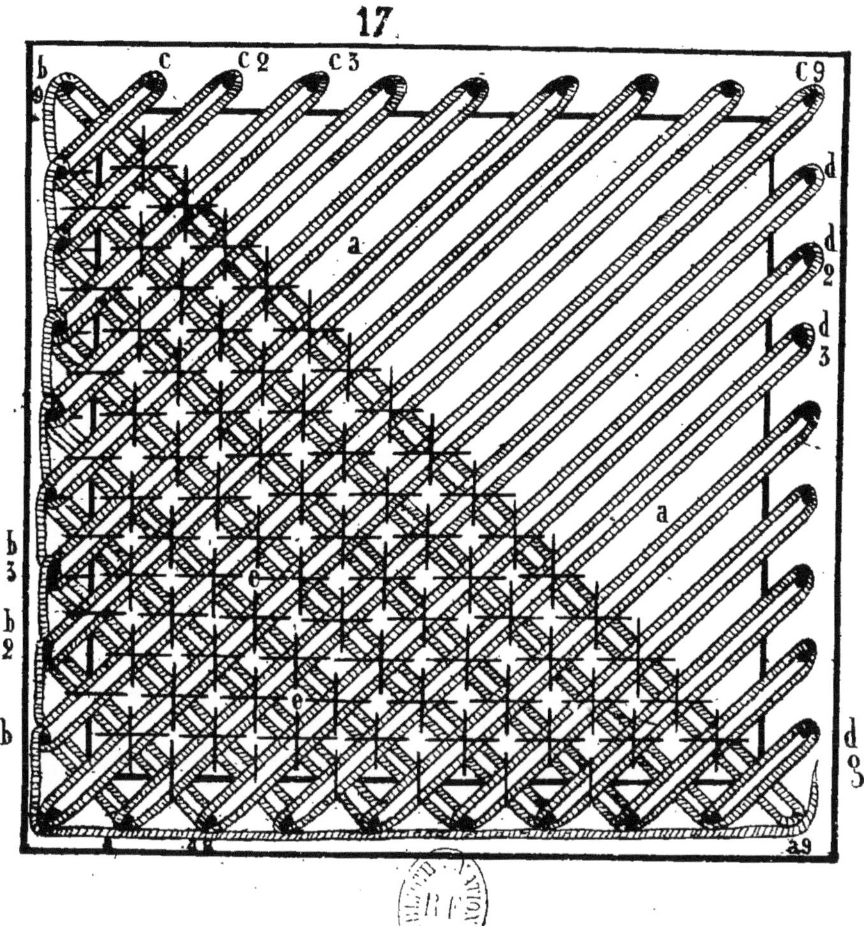

16
Pl. 19.
a
c
c 2
c 3
e
e
e
e
e
d 9
b 9
b 4
c 9

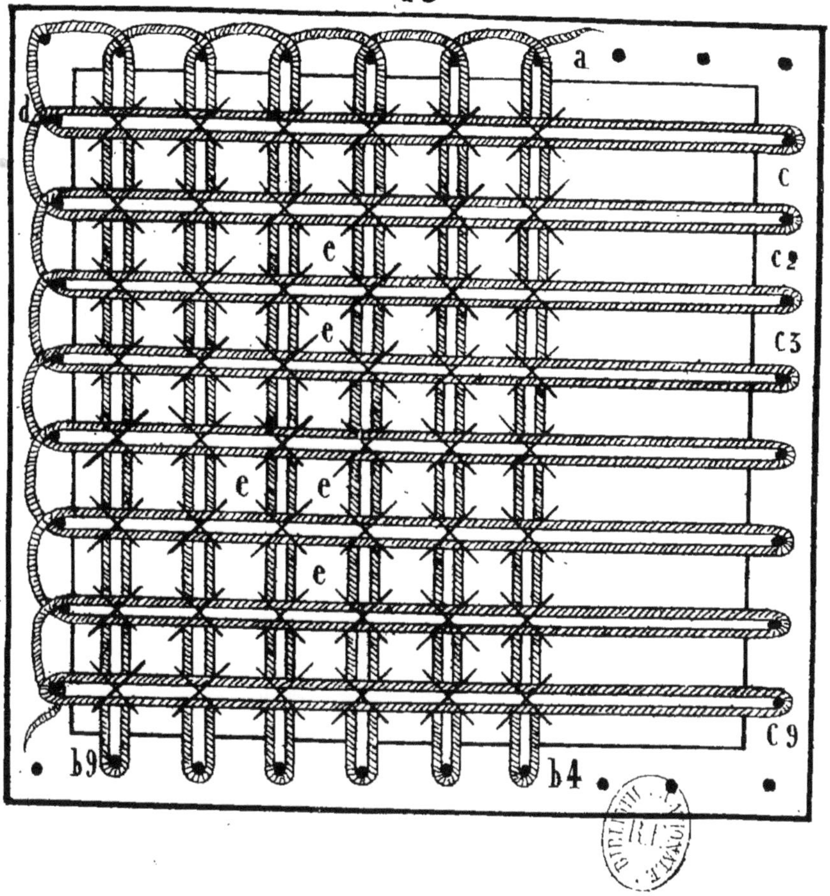

278

Bibliothèque de la Maîtresse de Maison.

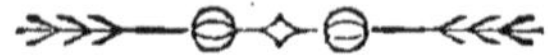

LE LIVRE DE LA DANSE.
LE LIVRE DU SAVOIR-VIVRE.
LE LIVRE DE LA CUISINE SIMPLIFIÉE.
LE LIVRE DE LA LINGÈRE.
LE LIVRE DE LA PATISSERIE SIMPLIFIÉE.
LE LIVRE DE LA PARFAITE COUTURIERE.
LE LIVRE DE LA BLANCHISSERIE EN FIN.
LE LIVRE DU TRICOT.
LE LIVRE DE LA PARFAITE MODISTE.
LE LIVRE DES FLEURS EN PAPIER.
LE LIVRE DE LA PARFAITE GLACIÈRE.
LE LIVRE DU CROCHET.
LE LIVRE DE LA DENTELLIÈRE.
LE LIVRE DE LA PIANISTE.
LE LIVRE DE L'ART DU CHANT.
LE LIVRE DE LA TOILETTE.
LE LIVRE DU JARDINAGE.
LE LIVRE DE LA VOLIERE.
LE LIVRE DE LA GYMNASTIQUE ET DE L'HYGIÈNE.
LE LIVRE DE LA MÉDECINE DOMESTIQUE.
LE LIVRE DU FILET.
LE LIVRE DE LA PARFUMERIE DE FAMILLE.
LE LIVRE DES ENFANTS.
LE LIVRE DE LA BRODERIE.
LE LIVRE DES DEVOTIONS DE L'ANNÉE.
LE LIVRE DES JEUX DE SALON.
LE LIVRE DE LA COMPTABILITÉ DES MENAGES.
LE LIVRE DES CONSERVES ET CONFITURES.
LE LIVRE DE L'AMAZONE ET DE LA SCIENCE ÉQUESTRE
LE LIVRE DES SAINTES.
LE LIVRE DES DEVOIRS.
LE LIVRE DES RECETTES UTILES.
LE LIVRE DES BAINS ET DE LA NATATION.
LE LIVRE DES JEUX D'ESPRIT.
LE LIVRE DES OUVRAGES EN PERLES.
LE LIVRE DU DEGRAISSAGE RENDU FACILE.
LE LIVRE DES CHEFS-D'OEUVRE POETIQUES DES DAMES
LE LIVRE DE REGLES DE JEUX DE CARTES.
LE LIVRE DES DAMES, ECHECS, TRIC-TRAC, ETC.
LE LIVRE DES PENSÉES ET MAXIMES.
LE LIVRE DES PLAISIRS ET RECREATIONS.
LE LIVRE DE LA VOYAGEUSE.
LE LIVRE DU CELLIER ET DE LA CONSERVATION DES VINS
LE LIVRE DE LA COIFFURE.
LE LIVRE DES DOMESTIQUES.
LE LIVRE DES CLASSIQUES DE LA TABLE.
LE LIVRE DU VERGER ET DES FRUITS.
LE LIVRE DE LA BASSE-COUR.
LE LIVRE DE LA CULTURE DES FLEURS.
LE LIVRE DES FÊTES DE LA FAMILLE.

CHAQUE OUVRAGE SE VEND SÉPARÉMENT.

Paris.—Imprimerie Bonaventure et Ducessois, 55, quai des Augustins.

9 782014 447408